hänssler

Elisabeth Bär-Stockburger

Abenteuer Uganda

CIP-Titelaufnahme der Deutschen Bibliothek
Bär-Stockburger, Elisabeth:
Abenteuer Uganda / Elisabeth Bär-Stockburger. - Neuhausen-Stuttgart :
Hänssler, 1991
(TELOS-Bücher ; Nr. 634 : TELOS-Taschenbuch)
ISBN 3-7751-1606-0
NE: GT

TELOS-Taschenbuch Nr. 634
Bestell-Nr. 70.634

Umschlaggestaltung: Heide Schnorr v. Carolsfeld
Titelbild: Bildagentur Mauritius
Printed in Germany

Als ich noch ein Kind war
und wir von Zeit zu Zeit zum Zahnarzt mußten,
ging Papa mit uns, um uns zu trösten.
Er hat nie gesagt, daß es nicht weh tun würde,
sondern daß wir tapfer sein sollten.
Seine Hand zu halten, gab uns Mut.
Genauso ist es mit Gott.
Er hat nie versprochen, daß uns im Leben
nichts weh tun würde.
Aber seine Hand zu halten, gibt uns Mut.

Corrie ten Boom

Inhalt

Vorwort

Überall hat Gott seine Leute. Aber damals in Afrika habe ich nicht damit gerechnet.

Auf dem Kirchenhügel Namirembe mitten in der ugandischen Hauptstadt Kampala saßen Afrikaner auf dem Rasen. Dazwischen eine junge, fröhliche Missionarin aus dem badischen Schwarzwald. Sie hielten miteinander eine Bibelstunde ab.

»Das gibt es doch nicht!«

In dieses vom Bürgerkrieg erschütterte Land wagen sich doch noch Menschen aus dem so sicheren Europa.

Nachts hörte man immer wieder das Schießen der räuberischen Banden in der Stadt. Die Läden der Stadt waren geplündert und zerstört. Überall Militär und Polizei, beängstigend und unheimlich.

Furchtbar waren die Eindrücke am gestrigen Tag im Luweero-Dreieck gewesen. Tausende internierter Afrikaner standen in der Sonne und warteten in langen Reihen auf ein paar alte Kleider, die von afrikanischen Pastoren verteilt wurden. Hungernde und dürstende Frauen, Kinder und Männer, wo man hinsah. Und dazwischen ein riesiges Feld von frischen Gräbern.

Man muß die herrlichen Tannenwälder, das liebliche St. Georgen und die lebendigen Gemeinschaften der Christen dort kennen, um zu verstehen, in welch ein Abenteuer der Weltmission auch heute Gott seine Leute ruft.

»Das ist mein Platz!« und »Ich werde hier gebraucht und bin gerne hier«, sagte Elisabeth Bär – damals noch Elisabeth Stockburger – nur knapp. Was sie wirklich durchgemacht hat, habe ich erst jetzt in ihrem bewegenden Bericht erfahren.

Darum ist es wichtig, daß wir treuer beten für alle, die draußen in den chaotischen Spannungsgebieten in Jesu Namen arbeiten.

Es ist schlimm für uns, wenn wir von ihnen überhaupt nichts wissen. Was sie mit Gott in großer Not erleben, könnte auch unseren Glauben stärken.

Ich möchte hoffen, daß sich heute noch viele junge Christen von Jesus, dem Herrn der Mission, rufen und senden lassen.

»Ist das nicht gefährlich?« möchte mancher fragen. Da kann man nur antworten: Wo kann man sicherer leben als unter Gottes mächtigem Schutz?

Winrich Scheffbuch

Einleitung

Als »Perle Afrikas« hatte Sir Winston Churchill einst das englische Protektorat Uganda der Welt vorgestellt. Am 9. Oktober 1962 wurde es in die Unabhängigkeit entlassen. Den hochgespannten Erwartungen folgte ein bitteres Erwachen: Das einstige »aufwärtsstrebende Musterland« verfiel in kurzer Zeit zur Folterkammer und zu einem Armenhaus Afrikas.

Ihren Höhepunkt fand diese Entwicklung unter der grausamen und willkürlichen Herrschaft Idi Amins (1971 – 1979). Wirtschaftliche Unkenntnis, sinnlose Aufrüstung und ein verschwenderischer Lebensstil verzehrten den Wohlstand der Nation.

Stammesfehden und Intrigen bereiteten den Bemühungen gutwilliger Nachfolger ein rasches Ende und leiteten die neue Schreckensherrschaft Präsident Milton Obotes (1980 – 1985) ein. Während der Zeit seiner Diktatur begann ich meinen fünfeinhalbjährigen Dienst als Heilpädagogin in Uganda.

Drei Schüsse auf der Straße von Bulange

Ich hatte ihn schon von weitem erblickt. Er stand mitten auf der von tiefen Schlaglöchern zerrissenen Straße und fuchtelte wie von Sinnen mit den Armen in der Luft herum, als wollte er mir bedeuten, ich sollte den Wagen bremsen und anhalten.

»Ein Verrückter!« schoß es mir durch den Kopf. Im jahrelangen Bürgerkrieg von Uganda begegnete man nicht selten solchen Opfern des Wahnsinns. Ich kam näher, aber er wich meinem Wagen nicht aus. Mit seinen langen schwarzen Armen winkend stand er halsstarrig mitten auf der Fahrbahn. Seine dunkle, einigermaßen gepflegte Kleidung ließ keine Rückschlüsse zu. Ich versuchte auszuweichen – und landete in einem Schlagloch. Dann sah ich die Pistole in seiner Hand.

Nur die Windschutzscheibe trennte mich von ihr. Der großkalibrige Lauf war auf meinen Kopf gerichtet.

Die ganze Finsternis jenes Ugandas, von dem man sich täglich hinter vorgehaltener Hand zugeflüstert hatte, schien sich auf mich niederzusenken. Ich erinnere mich noch, wie ein paar am Wegrand spielende Kinder die Augen vor Entsetzen aufrissen. Eben hatten sie noch der landesüblichen Begeisterung über den Anblick einer Europäerin Luft gemacht, indem sie mich mit lauten Rufen begrüßten: »Mzungu! Mzungu!« Nun starrten sie stumm. Ihre Augen stachen wie weiße Kreise aus den schwarzen Gesichtern hervor.

Ein weißer Personenwagen, der aus der Gegenrichtung auf mich zugefahren war, schien plötzlich in gleichbleibender Entfernung zu verharren. Ich schrie laut »Jesus!« Dann gab es noch etwas, ein kurzer, klarer Gedanke inmitten von entsetzter Panik: »Gut, dann bin ich eben bei Gott!« Sekundenlang wurde mir schwarz vor Augen.

Als ich wieder zu mir kam, erblickte ich die Pistole zu meiner Rechten, jenseits des heruntergedrehten Fensters. Dann sah ich auch das Blut. Meine ganze rechte Seite war damit bedeckt; es leuchtete rot auf meiner hellen Bluse und meinem Rock. Es war also schon passiert, und ohne daß ich es bemerkt hatte!

Aber die Pistole war immer noch da.

Als ich sie anstarrte, unfähig, mich zu bewegen oder einen klaren Gedanken zu fassen, blitzte plötzlich ein Befehl durch mein Bewußtsein: »Versteck dich!«

In meiner Verwirrung war ich lange Zeit der Meinung, ich hätte mich daraufhin unter dem Steuerrad versteckt. Vermutlich hatte ich mich geduckt und dann Gas gegeben: Der Wagen machte einen schwerfälligen Satz vorwärts, aus den Schlaglöchern spritzte brauner Schlamm; eine rote Staubwolke flog auf, als ich startete.

Meine Hände fühlten sich lahm und kalt an. Es waren noch 1,5 Kilometer bis zum Mengo-Krankenhaus, wo ich seit 18 Monaten arbeitete und wohnte. Wie sollte ich es jemals bis dorthin schaffen? Ich konnte doch nicht den ganzen Weg so zusammengekrümmt fahren! Ich mußte mich aufrichten und den Gang schalten. In Todesangst, laut Gebete hinausschreiend, überwand ich mich schließlich – es war eine der schlimmsten geistigen Anstrengungen, die ich je durchgemacht hatte, mich aufzurichten und den Steuerknüppel zu fassen!

»Ein Wagen flog durch die Luft und heraus sprang eine Person!« So wurde meine spektakuläre Einfahrt in den Hof des Krankenhauses später von den Zuschauern beschrieben. Noch ehe ich das Auto zum Stehen gebracht hatte, stürzten, vom Dröhnen des Motors und dem Kreischen der Bremsen alarmiert, Pfleger, Schwestern und Angestellte herbei. Sie sahen meine blutgetränkten Kleider und eilten auf mich zu.

»Laßt mich! Ich muß doch erst das Auto abschließen!« Seltsamerweise war es mir in dem Moment ungeheuer wichtig, das Fahrzeug ordnungsgemäß abzuschließen! Aber da machte sich auch schon die Verletzung bemerkbar: Mein rechter Arm und meine rechte Hand versagten ihren Dienst und ließen sich nur mühsam bewegen.

Auf beiden Seiten packte mich jemand am Arm. Links erkannte ich Steve, den Buchhalter, rechts eine Schwester, die ihre Tränen nicht zurückhalten konnte. Sie drängten mich zum Ambulanzraum.

»Die Patientin muß geröntgt werden!«

Ja, wer könnte! Der einzige Assistent, der mit dem Röntgengerät umgehen konnte, hatte sich eigenmächtig einen frühen Dienstschluß genehmigt! Also mußte der reiche Erfahrungsschatz des Chirurgen, der zu meinem Glück gerade an diesem Wochentag im Mengo-Krankenhaus Visite zu machen pflegte, das Röntgengerät ersetzen. Seine Diagnose lautete:

Zwei Kugeln hatten meinen rechten Oberarm durchschlagen – Gott sei's gedankt, ohne daß sie Schultergelenk oder Knochen zersplitterten, den Handnerv getroffen oder sonst einen permanenten Schaden hinterlassen hätten! Später erzählte man mir, Bedienstete des Krankenhauses hätten meinen Wagen untersucht und dabei die Löcher in der Wagentüre entdeckt, allerdings nicht zwei, sondern drei. Die dritte Kugel mußte mich verfehlt haben. Hatte der geheimnisvolle Befehl »Versteck dich!« mir das Leben gerettet?

Die Telefone in der Hauptstadt Ugandas funktionierten nur selten. Das »Buschtelefon« war umso aktiver: Wie ein Lauffeuer verbreitete sich die Nachricht von dem Überfall auf offener Straße, meiner Verletzung und meiner – trotz allem – glücklichen Bewahrung. Noch während ich auf einer Liege in der Ambulanz lag und versorgt wurde, stürzten schon die ersten ugandischen Freunde herein, Bekannte und Unbekannte, um sich mit eigenen Augen von meinem Zustand zu überzeugen. Manche weinten, andere beteten mit mir, und einige hatten mir Dinge zu berichten, die mich tief und seltsam berührten:

Unmittelbar vor meiner unheilvollen Fahrt hatte ich an einem Mittagessen zu Ehren finnischer Missionare teilgenommen. Auch Richard war dort zu Gast gewesen, ein ugandischer Christ, den ich nur flüchtig kannte. Wir hatten nicht viele Worte miteinander gewechselt. Er ließ mir ausrichten: »Als du auf Wiedersehen sagtest, hatte ich den Eindruck, daß irgend etwas mit dir nicht stimmte. Du trugst ein rotes Halstuch, das vor meinen Augen zu Blut zu werden schien. Ich fühlte mich so sehr gedrängt, für dich zu beten.«

Hatte dieses Gebet mir das Leben gerettet?

Unter meinen Besuchern war auch Sarah Kibowa, eine einheimische Mitarbeiterin meiner Mission.

»Davon habe ich geträumt«, stammelte die dunkelhäutige Frau im bunten Kleid, als sie meine Verwundung sah.

»Wovon hast du geträumt?« fragte ich verblüfft. Ich versuchte der Bedeutung dieser merkwürdigen Vorahnungen auf die Spur zu kommen.

»Daß dir etwas Schlimmes zustoßen würde!« Sie setzte sich an mein Bett und ergriff meine Hand. »Hör zu ... Gestern nacht träumte ich, du seist gestorben. Ich sah dich unter den Opfern des Namugongo-Massakers.«

Die Tragödie von Namugongo hatte sich etwa zwei Tage vor meinem Unglück zugetragen. Auf den bloßen Verdacht hin, in dem Dörfchen hielten sich Rebellen versteckt, waren Militäreinheiten ausgerückt und hatten wahllos mindestens 60 unschuldige Menschen auf grausamste Weise mißhandelt, zu Tode geprügelt und erschossen.

»Hast du denn auch für mich gebetet, Sarah?«

»Ich glaube, ich habe unter dem Eindruck der gesamten Schreckensszene nur zu Gott geschrien.« Sarah stand die Erschütterung noch im Gesicht geschrieben.

Meine Bewahrung erschien mir nun nicht mehr als ein bloßer glücklicher Zufall. Ich spürte, daß mehr dahintersteckte. Und das rief eine Frage in mir wach, die ich nicht mehr abschütteln konnte:

Ist das ein Zeichen, daß Gott mich hierhergesandt hat? Und bin ich bereit, dieses Zeichen anzunehmen und hier in Uganda zu bleiben – auch wenn es bedeutet, daß mir solche Schreckenserlebnisse noch weiterhin zustoßen konnten?

Meine Gedanken wanderten zurück zu den Anfängen des Abenteuers Uganda.

Australien: Die Bekehrung des »bone-pointers«

»Elisabeth, Gott hat etwas Neues für dich im Sinn: neue aufregende Erfahrungen!«

Ich kannte den Mann kaum, hatte nur ein paar Worte mit ihm gewechselt, während wir beide an einer christlichen Veranstaltung in Melbourne/Australien teilnahmen, wo ich mich zu einem Studienaufenthalt befand. »Wie bitte?« fragte ich verblüfft. Daraufhin kritzelte der nahezu Unbekannte etwas auf einen Zettel, den er mir zum Abschied in die Hand drückte.

Auf dem Zettelchen entzifferte ich die Angabe von drei Bibelstellen:

Jesaja 42,9

Jesaja 43,18 + 19

Jesaja 48,6

Freunde, die mich begleiteten, schlugen nach und lasen laut vor:

> »Siehe, was ich früher verkündigt habe, ist gekommen. So verkündige ich auch Neues; ehe denn es aufgeht, lasse ich es euch hören.«
>
> Jesaja 42,9
>
> »Gedenkt nicht an das Frühere, und achtet nicht auf das Vorige! Denn siehe, ich will ein Neues schaffen, jetzt wächst es auf, erkennt ihr es denn nicht? Ich mache einen Weg durch die Wüste und Wasserströme in der Einöde.«
>
> Jesaja 43,18 + 19
>
> »Das alles hast du gehört und siehst es und verkündigst es doch nicht. Von nun an lasse ich dich Neues hören und Verborgenes, das du nicht wußtest.«
>
> Jesaja 48,6

»Neues!« Ich war betroffen, konnte aber mit der Mitteilung nichts anfangen. Also ließ ich die Angelegenheit auf sich beruhen. Schließlich war es beschlossene Sache, daß ich nach meinem dreimonatigen Gaststudium an dem australischen Logopädischen Institut und einer anschließenden Reise durch den Kontinent nach Deutschland zurückkehren und meine Arbeit mit behinderten Kindern wieder aufnehmen würde.

Ich war in Deutschland viel Kritik an Missionsarbeit begegnet: Ein Vorwurf lautete, sie würde vorhandene Kulturen zerstören und den Einheimischen eine artfremde Lebensweise aufzwingen. Nun hatten mich Bibelübersetzer, die die Sprache australischer Aborigines erforschten und unter ihnen lebten, zu einem zweiwöchigen Besuch eingeladen. Ich wollte die Gelegenheit beim Schopfe packen und mir selbst ein Urteil bilden.

Die Pitjantjatjara sind ein Stamm der Aborigines, der Ureinwohner Australiens. Von Natur aus Nomaden, erleben sie seit der Kolonialisierung ein ähnlich tragisches Schicksal wie die Indianer Nordamerikas. In Ernabella, einem Reservat im fast menschenleeren Inneren Australiens, machte ich ihre Bekanntschaft.

Ich war nicht der einzige weiße Gast in Ernabella. Eine internationale Gruppe junger Christen von »Jugend mit einer Mission« war ebenfalls dort eingetroffen. Sie befanden sich auf einem Evangelisationsfeldzug durch Australien. Missionare unter Einheimischen – genau das Richtige für mich! Hier konnte ich meine Studien betreiben!

Es war ein eigenartiger Gottesdienst, zu dem die internationale Gruppe und der einheimische Pfarrer der Pitjantjatjara eingeladen hatten:

Einer von ihnen, ein Neuseeländer britischer Herkunft, zeichnete auf einer Tafel zwei voneinander entfernte Punkte. »Der eine stellt Gott dar, der andere den Menschen«, erläuterte er. »Zwischen beiden klafft eine tiefe Kluft, die Sünde.

Kein Mensch kann sie aus eigener Kraft überwinden.« Schließlich malte er ein verbindendes Kreuz dazwischen: »Da seht! Das ist Jesus, der die Sünde hinweggenommen und die Kluft geschlossen hat.« Er sprach dann von der zerstörerischen Wirkung, die überall eintritt, wo Schuld bestehen bleibt, wo Jesus sie nicht beseitigt. Dann wurde er ganz konkret: Er nannte die Schuld seines Volkes gegenüber den Aborigines beim Namen:

»Wir haben euch mißhandelt, verfolgt, euch eures Landes beraubt. Das war Sünde! Ich bitte euch für mein Volk um Vergebung in Jesu Namen.«

Er verließ das Rednerpult, ergriff die Hand des schwarzen Pfarrers und nacheinander die jedes Gemeindemitgliedes. Unter den übrigen Weißen machte sein Beispiel Schule. Unter Tränen und Umarmungen wurde Vergebung ausgesprochen.

So eindrucksvoll dieses Erlebnis war, die Ereignisse der folgenden Tage sollten es in den Hintergrund stellen. Dabei hatten sie gar nichts damit zu tun – oder etwa doch?

Hauptthema des Dorfgesprächs in diesen Tagen war die Krankheit eines achtjährigen Pitjantjatjara-Jungen, der an Leukämie litt und mit dem Tode rang. In vielen Häusern wurde täglich um seine Genesung gebetet, aber er starb. Die Nachricht von seinem Tod war begleitet von einem erstaunlichen Gerücht:

Raymond, der Vater, hatte den Wunsch geäußert, den Leichnam in der Mitte des Reservats und nicht, wie sonst üblich, aus Furcht vor den Totengeistern weit außerhalb in der Wildnis zu begraben. Er hatte erklärt, daß ihm kein Totengeist mehr etwas anhaben könne.

Die meisten Dörfler fanden das höchst besorgniserregend. Mit Kopfschütteln, düsteren Mienen und unheilvollem Flüstern machte man sich auf den Weg zur landesüblichen Totenklage, die in einem ausgetrockneten Flußbett stattfinden sollte. Zum Zeichen der Trauer warfen sich die Verwandten und Freunde des Toten dort laut schreiend zu Boden. Über Stunden hinweg wurde geklagt und geweint.

Schließlich berichtete Raymond von seinen bohrenden Fragen und den Erkenntnissen, die das frühe Sterben seines Sohnes in ihm ausgelöst hatten: »Ich wollte wissen, ob das Kind oder vielleicht sogar ich selbst unter einem Bann stünden. Da ich sonst nirgends eine Antwort fand, suchte ich in der Bibel. Dabei stieß ich auf ein paar Sätze, die mir keine Ruhe ließen. Sie stehen in der Apostelgeschichte: »Viele aber, die da Zauberei getrieben hatten, brachten die Bücher zusammen und verbrannten sie öffentlich.« (Apg 19,19. Anm. des Verfassers).

Zunächst verstand ich nicht, was damit gemeint war. Zauberbücher hatte ich noch nie besessen. Aber dann fiel es mir wie Schuppen von den Augen: Erinnert ihr euch noch, wie oft der Fluch eingetroffen war, den ich auf einen Feind gelegt hatte, indem ich heimlich mit dem Knochen auf ihn zeigte?

Ausgeübt habe ich mein Amt als »Bonepointer«* schon lange nicht mehr, aber ich habe es auch nie ausdrücklich niedergelegt. Genau das tue ich jetzt!«

Die Blicke von mindestens 300 Pitjantjatjara hingen gebannt an seinen Lippen, als er fortfuhr:

»Dieses Mal werden wir den Leichnam nicht von unserem Grund und Boden wegschaffen. Ich höre auf, mich der Angst vor den Geistern zu beugen. Ich beuge mich einem anderen.«

Niemand wagte, etwas einzuwenden. Und dann kam mit einemmal lebhafte Bewegung in die Trauergemeinde:

Einer nach dem anderen löste sich dort in dem sandigen Flußbett öffentlich von seiner Verbindung zur Geisterwelt. Kleine Gruppen von Betern scharten sich um die um Befreiung Suchenden, ermutigten sie und beteten mit ihnen gemeinsam Jesus an. Aus der ungewöhnlichen Bestattung vor der kleinen Dorfkirche in Ernabella wurde ein Triumph: Statt Trauerklagen hörte man frohe Lieder. Es war, als wäre ein Bann gebrochen, ein Stein aus dem Weg gerollt, eine Kluft geschlossen – die Kluft der Sünde zwischen Mensch und Gott? Bestand etwa doch ein Zusammenhang mit jenem Gottesdienst vor wenigen Tagen? Wurde dort die Kluft erstmals überwunden?

»Der Heilige Geist wird sie in alle Wahrheit leiten« – dieses Wort kennzeichnete für mich das ganze Geschehen: »allein« der Heilige Geist. Kein Missionar hatte von Raymonds Amt als »Bonepointer« gewußt. Der Heilige Geist allein hatte ihn daraufhin angesprochen durch das Wort, das in aller Bescheidenheit von Menschen überbracht worden war. Das machte mir Mut. Das hatte nichts mit Kulturzerstörung zu tun, wohl aber mit Befreiung von der knechtenden Angst vor den bösen Geistern!

Aufbruch in die Missionsarbeit

Im Januar 1982 überraschte ich meine Freunde und Bekannte in ganz Deutschland mit einem Rundbrief, in dem ich ihnen folgendes mitteilte:

»... Ich sehe mich dahin geführt, meiner Vorliebe für fremde Länder und Kontinente nicht mehr nur zum eigenen Genuß zu frönen, sondern sie als Gabe in den Dienst Jesu zu stellen. Konkret bedeutet dies: Seit 1. Januar bin ich vollzeitliche Mitarbeiterin bei Campus für Christus – und zwar als Anwärterin für die Agape-Bewegung ...

... Hier werden die Mitarbeiter in ihrem Beruf für mindestens zwei Jahre in ein Land der sogenannten Dritten Welt gesandt, um den Menschen dort äußere und innere (geistliche) Hilfe zu gewähren.

Die Monate Januar und Februar '82 werde ich damit verbringen, einen Freundeskreis aufzubauen, der meine zukünftige Arbeit in einem ›Entwicklungsland‹ im Gebet und finanziell unterstützt. Damit folge ich einem Grundsatz meiner Mission, deren sämtliche Mitarbeiter auf diese Weise erhalten und getragen werden. Für mich ist dies ein Stück Wagnis mehr im Leben mit Jesus und damit auch eine weitere Chance, Seine Wunder zu erleben.

Wer sich hier angesprochen fühlt, den lade ich herzlich ein, betend und/oder finanziell in meine zukünftige Tätigkeit mit einzusteigen. Über mein Bestimmungsland ist noch nicht entschieden, vermutlich wird es jedoch ein Land in Afrika sein.

Alle, die sich für solch eine ›Teilnehmerschaft‹ entscheiden sollten, werde ich durch regelmäßige Rundbriefe auf dem laufenden halten ... Für genauere Informationen über dieses ›Unternehmen‹ lasse ich mich gerne anfordern.«

Und wie ich angefordert wurde!

Zwei Monate lang reiste ich kreuz und quer durch Deutschland und sprach mit Christen verschiedener Gemeinden, die sich ein Bild von meinem Ruf in die Mission machen wollten. Dabei kam ich immer wieder auf meine Erfahrungen in Australien zu sprechen – dann verstummten meine kritischen Zuhörer!

Nach meiner Rückkehr aus Australien hatte ich vor einer veränderten beruflichen Situation gestanden, die nach einer Lösung verlangte. Gleichzeitig hatte mich mein persönliches Bibelstudium immer wieder auf den Gedanken »Mission« hingewiesen. Einige Einwände schlichen sich ein – Angst vor finanzieller Unsicherheit, Mangel an Komfort, Einsamkeit. Auf der anderen Seite jedoch standen die biblischen Aussagen:

> »Sehet die Lilien auf dem Felde...«
>
> Matthäus 6,28–30
>
> »... der Menschen Sohn hat nichts, wo er sein Haupt hinlegen kann.«
>
> Matthäus 8,20
>
> »... wenn jemand zu mir kommt und haßt nicht..., der kann nicht mein Jünger sein«
>
> Lukas 14,26

Am 3. Oktober 1982 wurde ich im Gottesdienst meiner Heimatgemeinde in St. Georgen im Schwarzwald verabschiedet und feierlich ausgesandt. Vier Tage später flog ich in einer alten klapprigen Boeing der Ethiopia Airlines meinem neuen Bestimmungsland Uganda entgegen. Am Mengo-Krankenhaus in der Hauptstadt Kampala sollte ich ein Förderprogramm für geistig behinderte Kinder ins Leben rufen und missionarisch tätig sein. Die Herausforderung begeisterte mich, und ich erwartete große Dinge.

»Herr, was tue ich eigentlich hier in Uganda?«

Im menschenleeren Flughafen von Entebbe war die Zeit stillgestanden:

»Air France 1 Stunde Verspätung«,

hieß es immer noch auf der Flugankündigungstafel – einem Überbleibsel vergangener besserer Zeiten. Hatte nicht die Air France schon 1976 nach der aufsehenerregenden »Entebbe Airraid«* ihre Flüge nach Uganda eingestellt?

Das amerikanische »Empfangskomittee« meiner Mission riet vom Gang zur Flughafentoilette ab. »Die hygienischen Verhältnisse hier sind ... naja. Warte lieber, bis wir ins Mengo-Krankenhaus kommen, dort haben wir etwas Wasser.«

Ich fand das reichlich sonderbar: Wir befanden uns unmittelbar am Ufer des zweitgrößten Binnensees der Welt und hatten kein Wasser??

Aber tatsächlich! Im Mengo-Hospital* war es nicht anders: In dieser Ansammlung vernachlässigter Gebäude am Westhang des malerischen Namirembe-Hügels war die Kanalisation bereits vor sechs Jahren endgültig zusammengebrochen. Die Stromversorgung war unzuverlässig, die meisten Hausdächer undicht; die Berge von Müll, die sich überall häuften – auch die Müllabfuhr funktionierte nicht – lockten Scharen großer brauner Kakerlaken, Mäuse und Ratten, Geier und die häßlichen Marabu-Störche an. In dem verwilderten Gras und den oft verstopften Wasserabflüssen brüteten Schlangen und Moskitos. Ich war entsetzt. In dieser Umgebung sollte man leben und gesund bleiben? Gar nicht zu reden vom »Gesund werden«!

Bald bemerkte ich, daß das Mengo-Hospital nicht nur als Heilstätte und als Obdach für die Patienten und ihre Begleitpersonen, das Personal und dessen Angehörige diente, sondern zeitweilig auch als Zufluchtsort für die Gepeinigten, die ich bald kennenlernen sollte – Menschen wie jener Mann, der mir eines Morgens beim Kirchgang begegnete:

Im strömenden Regen rannte er auf den Eingang des ältesten Krankenhausgebäudes zu, barfuß und nur mit einer Unterhose bekleidet, auf der Brust eine klaffende Wunde, aus der Blut floß! Die Stationen waren voll von ihnen: Mißhandelte, geschlagene, heimatlose Menschen, die verängstigt in ihren Betten lagen. Es war immer wieder dieselbe Geschichte: Unter dem Vorwand, nach versteckten Guerillas zu suchen, drangen Soldatenhorden in Häuser und Dörfer ein, plünderten, raubten, vergewaltigten und mordeten hemmungslos.

Oder es geschah wie bei jener jungen Frau, die im Hof des Krankenhauses auf mich zustolperte, eine dunkle Sonnenbrille über dem von Faustschlägen verschwollenen entstellten Gesicht. Stammelnd flehte sie mich an: »Elisabeth, bitte bringen Sie mich zu einem Arzt!« Sie bemerkte meine Verwunderung über die vertraute Anrede und fügte hinzu: »Erkennen Sie mich denn nicht? Ich habe Sie gestern in der Bank bedient. Heute nacht drangen Soldaten bei uns ein und haben mich zusammengeschlagen.«

Auch vor Kindern machten die Grausamkeiten nicht halt. Eines Tages erhielt der Leiter unseres Labors eine Nachricht von einer Krankenschwester des staatlichen Krankenhauses:

»Alice O. befindet sich bei uns als Patientin. Sie gibt an, mit Ihnen verwandt zu sein, bitte holen Sie sie ab.«

James Obatre kannte Alice nicht. Er hatte auch noch nie von ihr gehört. Allerdings trug ein entfernter Verwandter von ihm denselben Familiennamen. Er hatte in dem gefährdeten Luweero-Bezirk nördlich der Hauptstadt gewohnt.

Unsicher betrat er die Kinderabteilung des Spitals. Da war Alice – ein spindeldürres, etwa elfjähriges Mädchen in zerfetzter Kleidung, das verschüchtert vor ihm niederkniete und kaum wagte, den Blick zu heben.

»Woher kennst du mich?« fragte James.

Die Kleine flüsterte: »Ich kenne Sie nicht. Mein Vater hat mir von Ihnen erzählt. Er gab mir Ihren Namen für den Fall, daß ich Hilfe brauche.«

»Wo ist dein Vater jetzt?«

»Ich weiß es nicht«, kam es leise über Alices Lippen.

»Und was ist mit deiner Mutter?«

»Sie ist gestorben.« Das Gesicht des Kindes wurde für einen Augenblick starr.

James fragte nicht weiter, obwohl Alice im nächsten Moment schon wieder erstaunlich gefaßt erschien. Von der Krankenschwester erfuhr er, daß Alice im Luweero-Bezirk vom Roten Kreuz aufgefunden worden war, halb verhungert, mit einem zum Skelett abgemagerten Säugling auf dem Arm. Dem Baby war nicht mehr zu helfen gewesen; es war bald darauf in der Kinderabteilung des Krankenhauses gestorben.

James und Gladys nahmen Alice als sechstes Kind in ihre Familie auf. Nach und nach gab sie die fehlenden Teile ihrer Geschichte preis:

Ihr Dorf war mehrfach von schwer bewaffneten Räuberbanden überfallen worden. Nachts schliefen die Bewohner daher zumeist in einem Versteck im Freien, um leichter fliehen zu können. Als sich die Überfälle häuften, wurde die ohnehin ausgeplünderte Schule ganz geschlossen. Damals war Alice in der zweiten Klasse gewesen. Der fruchtbare Ackerboden wurde kaum mehr bestellt. »Wir waren immer auf der Flucht.« So beschrieb Alice den mehrjährigen Kampf ums Überleben.

Als sie wieder einmal auf der Flucht waren, starb die Mutter – wahrscheinlich vor Schwäche. Von nun an sorgte Alice für das Neugeborene. Sie ernährte es mit Wasser. »Etwas anderes hatten wir nicht«, erklärte sie leise.

Eines Tages war der Vater verschwunden. Getötet? Sie wußte es nicht. Aber der Vater hatte ihr kurz davor für den äußersten Notfall Namen und Adresse der Familie Obatre genannt. Allein mit dem Säugling, auf der Suche nach Nahrung durch den Urwald irrend, wurde sie vom Roten Kreuz schließlich gefunden.

Drei Monate nach meiner Ankunft erkrankte ich an Amöbenruhr. »Davon bleibt niemand verschont! Das gehört mit dazu!« So versuchte ich mich mit letzter Kraftanstrengung in den Intervallen zwischen den Bauchkrämpfen zu beruhigen. Es sollte aber noch mehr dazugehören:

»Reiter-Syndrom« hieß die nächste Etappe dieser Entwicklung. Meine steif gewordenen Knie legten mich für zwei Monate lahm, ohne daß irgendein Anzeichen von Besserung zu erkennen gewesen wäre. Ich litt nicht nur unter den körperlichen Schmerzen, sondern auch unter einer plötzlichen Verunsicherung über das, was ich als meinen Ruf und Auftrag betrachtet hatte. Hatte ich mich geirrt? Ich war nun schon seit fünf Monaten in Uganda und hatte noch nichts zustande gebracht. Eine Menge Zeit war dafür aufgewendet worden, mich überhaupt erst einmal einzurichten, wozu viele lästige und zeitraubende tägliche Pflichten gehörten wie die Besorgung und Auffüllung von Gasflaschen, die Abdichtung der Geheimgänge von Ratten und Mäusen und ähnliches. Nun war ich auch noch krank. Und von einer geistlichen Entwicklung, die ich von einem Missionsauftrag erwartet hatte, zeigte sich keine Spur. Ich fühlte mich unsicher und deplaziert unter den vielen Christen, die mich hier umgaben.

Ich erschien mir nutzlos und überflüssig.

Ein Trost in dieser Zeit war mir eine Erkenntnis, die ich aus meinem Bibelstudium gewann.

Damals beschäftigte mich gerade Israels Auszug aus Ägypten. Beim Lesen fielen mir einige Parallelen zu meiner eigenen Situation auf:

Gott hatte Mose einen klaren Auftrag gegeben: Sein Volk aus Ägypten herauszuführen. Mose packte an, und worauf stieß er? Auf nichts als Widerstände: Pharao hielt sie zuerst zurück, dann sandte er ihnen sein Heer nach. In der Wüste erwartete sie Hunger und Durst. Alles verlief anders als erwartet, alles schien schiefzugehen – aber am Ende erreichten sie das verheißene Land.

Dann dachte ich an Jesus selbst. Dem größten Sieg der Menschheitsgeschichte war größtes Leid vorausgegangen!

Allmählich löste ich mich aus dem starren Denken, in dem ich bis dahin gefangen gewesen war. Wenn Gott mich auf Umwegen führen wollte, dann würde ich das akzeptieren. Schließlich war das ganze Unternehmen Seine Verantwortung! Von da an stieß ich in meinem Bibelstudium immer wieder auf Stellen, die mir neue Botschaften vermittelten. Jakobus 5,13–15 war eine davon: »Leidet jemand unter euch, der bete; ist jemand guten Mutes, der singe Psalmen. Ist jemand unter euch krank, der rufe zu sich die Ältesten der Gemeinde, daß sie über ihm beten und ihn salben mit Öl in dem Namen des Herrn. Und das Gebet des Glaubens wird dem Kranken helfen, und der Herr wird ihn aufrichten; und wenn er hat Sünden getan, wird ihm vergeben werden.«

Das gab mir sehr zu denken. Ich beschloß, die Christen um mich herum davon in Kenntnis zu setzen. Ich wollte sie bitten, im Sinne dieser Anweisung für mich zu beten. Ich tat es, stieß aber auf Unverständnis. Also wandte ich mich mit dieser Bitte an mein »Heimatteam«.

Meine Schwester berichtet davon:

> »Damals rief mich Elisabeth öfters an. Selbstverständlich beteten in der Heimat einige Menschen, die ihr besonders nahestanden und über ihre Krankheit informiert waren, für ihre Heilung. Aber eines Morgens klingelte das Telefon, und Elisabeth teilte mir den Wunsch mit, daß im Sinn von Jakobus 5,13–15 – also im Sinn einer Segnung – für sie gebetet werden sollte. Ihren Freunden und Mitarbeitern in Uganda war dieses Angebot der Bibel fremd, sie wollten es nicht praktizieren. So bat meine Schwester meinen

Mann und mich, mit drei weiteren Freunden, die an ihrem Weg in die Mission besonders innig Anteil genommen hatten, für ihre Heilung zu beten. Handauflegung und Salbung, wie in Jakobus 5 beschrieben, war natürlich nicht möglich, aber für uns fünf war es keine Frage, daß die von der Patientin erbetene Segnung ihre Anwesenheit nicht unbedingt erforderte. So trafen wir uns einige Tage später.

Einer jener drei Freunde war Kirchenältester. Bei Elisabeths Aussendungsgottesdienst hatte er ihr das Wort aus Jesaja 58,11 als Verheißung zugesprochen:

›Der Herr wird dich immerdar führen und dich sättigen in der Dürre und dein Gebein stärken.

Und du wirst sein wie ein bewässerter Garten und wie eine Wasserquelle, der es nie an Wasser fehlt.‹

An jenem Gebetsabend erinnerte er uns daran. Außer ihm selbst hatte niemand von uns mehr an dieses Wort gedacht. Nun stand es vor uns als Versprechen, als Verheißung.

So konnten wir alle Sorgen um Elisabeths Gesundheit vertrauensvoll in Gottes Hand legen. Als wir uns trennten, hatte zwar keiner von uns die Gewißheit, daß Elisabeth von einer Minute auf die andere geheilt würde. Aber wir waren zuversichtlich, daß Gott eingreifen würde.

Eine Woche danach rief Elisabeth wieder an:

›Stell dir vor, ich bin immer noch krank, aber gestern war ich eine Stunde lang völlig schmerzfrei. Ich konnte sogar Treppensteigen wie früher. Es war, als wollte mir Gott zeigen: Ich helfe dir – aber du mußt noch Geduld und Vertrauen haben.‹

Kurz danach bekam sie Besuch von ihrem ugandischen Vorgesetzten. Er hatte Verbindung zu Mitarbeitern ihrer Mission in Kenia aufgenommen und sie gebeten, Elisabeth für ein paar Wochen zu beherbergen. Uganda, so meinte er, wäre nicht die richtige Umgebung, in der man gesund werden könnte.

Als meine Schwester drei Wochen später aus diesem Erholungsurlaub nach Uganda zurückkehrte, war sie wieder arbeitsfähig. Die letzten Beschwerden klangen dann innerhalb weniger Wochen ab. Für uns im ›Heimatteam‹ war dieses Geschehen eine große, neue Glaubenserfahrung. Bei der Aussendungsfeier hatten wir alle das Wort aus Jesaja 58 gehört und als Zusage verstanden, daß Gott Elisabeth begleiten und versorgen würde. Daß eine solche Zusage aber so wörtlich verstanden werden konnte, hatten wir noch nicht erlebt! ›... deine Gebeine wird er stärken...‹ – die Beine, mit denen sie kaum mehr oder manchmal überhaupt nicht mehr hatte gehen können!

Ich möchte noch zwei Erlebnisse aus Elisabeths Krankheitszeit erzählen, die zeigen, wie innig Freunde in der Heimat an ihrem Auftrag Anteil nahmen.

Wir hatten eine liebe alte Nachbarin, eine Bäuerin, die ein sehr schweres Leben hinter sich hatte. Sie war jedoch niemals bitter geworden, sondern hatte die Fähigkeit erhalten, mit ihren Mitmenschen Freude und Leid zu teilen. Sie hatte einen Sohn, der Missionar war, und so war Mission immer ein zentrales Gesprächsthema, wenn wir uns trafen. Nachdem sie von Elisabeths Krankheit erfahren hatte, klingelte sie öfters an der Haustür, um kurz zu fragen: ›Wie geht's dem Schwesterle?‹

Einmal kam sie und brachte mir die ersten Frühlingsblumen aus ihrem Garten. ›Wenn Ihre Schwester da wäre, würde ich jetzt einen Krankenbesuch machen. Nun bringe ich die Blumen stellvertretend Ihnen!‹

Wenige Monate später starb sie, hatte aber noch Gott dafür danken können, daß er ihre Gebete für Elisabeth erhört hatte.

Eine andere leidende alte Dame, treues Glied eines Frauenkreises unserer Kirchengemeinde, in dem regelmäßig Elisabeths Rundbriefe vorgelesen wurden, rief mich eines Tages an: ›Ich komme gerade von der Dialyse und muß jetzt ruhen. Da will ich die Zeit nutzen, um für Ihre Schwester zu beten. Haben Sie Nachricht, wie es ihr inzwischen geht?‹«

Die ersten Schülerinnen

Auf dem Namirembe-Hügel lebten zwei behinderte junge Mädchen: Die mongoloide Peninna, die seit Jahren die zweite Volksschulklasse wiederholte und von ihren Schulkameraden deshalb unbarmherzig gehänselt wurde, und die taubstumme Nakozi, die jeder Arbeit aus dem Wege ging und nur in der Umgebung herumstreunte.

Nach meiner Genesung besuchte ich ihre Familien und lud die Töchter zu einem täglichen Handarbeitsunterricht ein. Bei beiden Eltern und bei Peninna stieß der Vorschlag auf Begeisterung. Nakozi war nur sehr mäßig angetan von der Vorstellung regelmäßiger Arbeit, aber die Mutter wollte dafür sorgen, daß sie zum Unterricht kam. ...

Voll Tatendrang und Freude stürzte ich mich in diesen bescheidenen, aber konkreten Anfang meiner Aktivitäten:

Ich erhielt einen eigenen Arbeitsraum zugewiesen in einem aus deutschen Entwicklungsgeldern erbauten Gebäude, dessen Grundstein schon zehn Jahre davor gelegt worden war, das aber immer noch unvollendet war. Eine einheimische Mitarbeiterin stand mir beim Aufbau des Projekts zur Seite. Ich leitete sie in englischer Sprache an und sie übersetzte meine Anweisungen in die Stammessprache der Schülerinnen. Peninna und Nakozi lernten Teppichweben: Sie saßen vor einem einfachen selbstgebauten Webrahmen und verarbeiteten Stoffreste zu kleinen Bettvorlegern.

Der Eifer und die Freude von Peninna und ihrer Familie waren mir ein Ansporn, dieses Angebot zu verfeinern und auszubauen. Alles schien bestens zu laufen – da wurde ich plötzlich von unerklärlichen Müdigkeits- und Übelkeitsattacken heimgesucht, und meine Haut zeigte eine seltsame Gelbtönung. Gelbsucht! Ich wollte es nicht wahrhaben.

Schon wieder unterbrechen? Aber es blieb mir nichts anderes übrig; wenn es auch nur eine leichte Form von Gelbsucht war. Das Ergebnis: Nakozi lief davon. Peninna blieb mir treu.

Nach meiner Genesung sandte das Spital über Radio Uganda Bekanntmachungen und Einladungen aus, die einen kleinen Aufschwung in der Schülerzahl meiner »Sonderschule« brachten. Der Unterricht wurde freilich immer wieder gestört; beständig kam es in der Umgebung des Mengo-Hospitals zu Unruhen und Überfällen, die die Straßen unsicher machten und die Schüler vom Schulbesuch abhielten. Damals schon bekam ich eine Kostprobe späterer Schreckenserlebnisse:

Ich befand mich auf der Rückfahrt von einem Empfang des deutschen Botschafters, gemeinsam mit dem Zahnarzt des Botschafters, dem Amerikaner Ken, der wie ich im Mengo-Krankenhaus arbeitete. Wir waren eben auf einem ziemlich einsamen Stück Landstraße unterwegs, da passierte es: Eingehüllt in eine Staubwolke, überholte uns mit halsbrecherischer Geschwindigkeit ein weißer Peugeot, schwang mit quietschenden Reifen seitwärts, stellte sich quer vor uns und verhinderte unsere Weiterfahrt. Heraus stürzten zwei Männer in Soldatenuniformen; einer rannte auf Ken zu, der andere auf mich. Ein dritter blieb im Wagen und richtete das entsicherte Gewehr auf uns. Es wäre nur ein winziger Handgriff nötig gewesen, um uns beide zu erschießen ...

»Mach genau dasselbe, was ich mache!« zischte mir Ken zu.

Ich tat ihm gehorsam alles nach: hob meine Arme hoch und hielt den Räubern meine sämtlichen Wertgegenstände hin, die sie sofort gierig an sich rissen.

»Wo ist deine Uhr?« deutete mir einer der Männer, auf sein Handgelenk weisend. Meine Armbanduhr hatte ich an dem Tag nicht angelegt. Ich wollte etwas sagen, aber ich brachte vor Schrecken den Mund nicht auf. Die unheimliche Begegnung endete daraufhin prompt mit einer Ohrfeige für mich, als ich keine Wertgegenstände mehr anzubieten hatte!

Die Räuber kehrten schließlich, einander stoßend und schubsend, wieder zu ihrem eigenen Fahrzeug zurück, das genauso stürmisch davonschoß, wie es gekommen war.

»Unsere Sachen können wir vergessen«, bemerkte Ken resigniert. »Die sehen wir im Leben nicht wieder.«

»Eine Polizeidienststelle aufzusuchen ist pure Zeitverschwendung.« – Das war auch die Meinung des Botschafters, als ich ihm den Vorfall meldete. Wohlmeinende ugandische Freunde rieten mir: »Versuch's doch einmal auf dem Schwarzmarkt-Arsenal Schauriako (zu deutsch: deine eigene Schuld) – wenn du etwas Glück hast, werden deine Habseligkeiten dort angeboten, und du kannst sie zurückerwerben.«

»Ich verzichte darauf!«

Zwölf Monate waren seither vergangen. Zwölf Monate, die mir rückblickend als eine Kette von Frustrationen erschienen, die in den Pistolenschüssen auf der Straße von Bulange gipfelten!

Ein neuer Anfang

Das Geschrei von Neugeborenen holte mich in die Gegenwart zurück. Erst war ich verblüfft, dann durchschaute ich die Situation: Man hatte mich liebenswürdigerweise in dem vornehmsten aller Krankenzimmer des Mengo-Hospitals untergebracht, und dieses VIP-Zimmer* befand sich nun einmal auf der privaten Wöchnerinnenstation! Ich wunderte mich über die frischen Bettlaken, in denen ich lag, das bereitgestellte Geschirr, das Toilettenpapier und die gefüllte Wasserkanne. Wer hatte mich so freundlich versorgt? In Uganda ist es üblich, daß sich die Angehörigen um das Wohlergehen des Patienten kümmern. Ich hatte hier keine Verwandten, aber ich hatte liebevolle Mitschwestern, die mich umsorgten. Wie dankbar war ich für die Fürsorge meiner ugandischen Freundinnen unter den Krankenschwestern und Hebammen, die sich sogar in ihrer dienstfreien Zeit um mich kümmerten!

Am zweiten Abend besuchten mich Herr und Frau Kalega, meine ugandischen Nachbarn und Freunde, in meinem Krankenzimmer. Zacharias Kalegas gute Kenntnisse meines Vaterlandes und der deutschen Sprache verbanden uns besonders. Während ihrer letzten Dienstreise nach Deutschland hatten die Kalegas sogar meine Eltern und Geschwister besucht.

Nun sagte er behutsam: »Elisabeth, Robinah und ich meinen, daß wir deine Eltern informieren sollten.«

Ich schwieg betroffen. Diesen Gedanken hatte ich bislang verdrängt. Meine Eltern hatten meinen Ruf nach Uganda von Anfang an mit Skepsis betrachtet. Vor ihrer Reaktion fürchtete ich mich. Würden sie mein Unglück als Zeichen betrachten, daß ich mich in meiner Berufung getäuscht hatte? Würden sie darauf bestehen wollen, daß ich meinen Dienst abbrach und nach Deutschland zurückkehrte?

Robinah Kalega ergänzte mit ihrer klangvollen dunklen Stimme die Bemerkung ihres Mannes: »Munange*, auch die Botschaft kann das Durchsickern von Nachrichten an die deutsche Presse nicht verhindern. Sollen deine Eltern vielleicht aus der Zeitung erfahren, daß du Opfer eines Überfalls geworden bist? Da wäre es doch viel besser, wir würden es ihnen schonend beibringen, und zwar so bald wie möglich. Meinst du nicht auch?«

Widerstrebend mußte ich zustimmen und notierte ihnen die Telefonnummer.

Aber wo blieb eigentlich Dr. Nickerson? Dieser Frage in meinem Innern ging ein sonderbares Erlebnis voraus:

Meine lange Zeit verschmutzten Wunden sollten genäht werden. Der Arzt hatte eine Vollnarkose angeordnet gehabt. Als ich – noch reichlich benommen – aus der Narkose zu mir gekommen war, hatte ich verschwommen Besucher an meinem Bett gesehen; dieses Mal waren sie weißer Hautfarbe gewesen. Ihre Stimmen mit dem amerikanischen Akzent hatten eine schwache Erinnerung in mir hervorgerufen: Das Minnesota-Gesundheitsteam!

Vor zwei Wochen hatte ich sie mit meiner Freundin Paula im Queen Elizabeth Nationalpark kennengelernt. Wir hatten zusammen einen Landrover gemietet, um Elefanten, Giraffen und Antilopen zu beobachten.

Einer aus der Gruppe, ein Dr. Nickerson, hatte sich im Krankenzimmer zu mir herabgebeugt und langsam und betont in mein Ohr gesprochen: »In zehn Tagen fliege ich nach Deutschland, in den Schwarzwald. Ich könnte Ihre Angehörigen besuchen und sie beruhigen. In ein paar Tagen komme ich nochmals vorbei und hole mir die Adresse.«

Jetzt überlegte ich, ob ich, von der Narkose verwirrt, am Ende einer Sinnestäuschung unterlegen war, denn kein Dr. Nickerson kam, um eine Adresse abzuholen. Hatte ich den Besuch der freundlichen Amerikaner geträumt?

Inmitten aller Sorgen und Nöte jener Tage quälte mich die ständig wiederkehrende Frage in meinem Innern:

»Lohnt es sich wirklich, all diese Unbequemlichkeiten und Leiden auf mich zu nehmen? Bin ich sicher, daß Gott das von mir verlangt? Und wenn Er es verlangt – bin ich bereit, es auf mich zu nehmen?

In mir ging alles durcheinander. Ich war voll Zittern und Zagen, aber gleichzeitig wuchs etwas in mir heran, das nicht aus mir selbst kam. Es verstärkte sich unaufhaltsam, bis ich eines Tages imstande war, meine Antwort zu geben. Ich wollte in Uganda bleiben. Ich war überzeugt, daß Gott mich hierher gerufen hatte, und daß ich nichts Besseres tun konnte, als diesem Ruf gehorsam zu sein, selbst wenn sich – wie es mir schien – hier Katastrophe an Katastrophe reihte.

In einem nächsten Brief nach Deutschland schrieb ich:

> »Meinen Platz sehe ich einstweilen immer noch in Uganda. Wenn Jesus eine Veränderung für mich will, soll sie durch Sein Eingreifen zustande kommen; durch eine zugeschlagene oder eine sich öffnende Tür, aber nicht durch meine Initiative.«

Ich hatte meine Entscheidung getroffen. Das machte mich ruhig. Die Angst freilich lastete weiterhin auf mir. Es dauerte lange, bis ich den Schrecken des Überfalls innerlich verwand: Er konnte ganz unvermittelt über mich hereinbrechen, mich zurückversetzen in jenes dunkle Tal bei Bulange, in den Anblick der auf mich gerichteten Pistole, in die Bedrohung und das Ausgeliefertsein. Er raubte mir plötzlich und unerwartet die Geborgenheit meiner vier Wände und setzte mich erneut der Feindseligkeit und dem Haß jener Minuten aus. Dann verkrampfte sich alles in mir, und ich fragte mich, wie in aller Welt ich in einem Land leben konnte, in dem mir heute oder morgen dasselbe noch einmal geschehen konnte!

Es war ein Bibelwort, das mich schließlich aufrichtete und mir den Mut zu einem Neuanfang gab. Es verfolgte mich geradezu: Zuerst ging es mir tagelang durch den Sinn, dann erschien es in der Tageslosung, und schließlich entdeckte ich es zu meiner Freude als Losung jenes Jahres:

»Gott hat uns nicht gegeben den Geist der Furcht, sondern der Kraft ...« (2. Timotheus 1,7).

Welche Wirkung das auf mich hatte! Ich fühlte mich belebt und von neuer Energie erfüllt. Nach drei Wochen ängstlicher Zurückgezogenheit wagte ich mich erneut hinters Steuerrad und auf die holprigen Straßen Kampalas. Mein Herz klopfte noch, aber der Schritt war getan.

Der Gedanke an meine Eltern beunruhigte mich erneut. Zacharias Kalega hatte, wie versprochen, meine Eltern in Deutschland angerufen, wollte aber nichts weiter zum Inhalt dieses Telefongesprächs sagen. Ich entschloß mich zu einem Telefonat mit meiner Schwester, um vorsichtig die Reaktion meiner Eltern auszukundschaften.

Rosmaries Stimme klang auffallend fröhlich, ja begeistert. Sie ließ mich gar nicht zu Wort kommen, sondern sprudelte gleich los:

»Du wirst es nicht glauben, Elisabeth! Weißt du, wer ausgerechnet jetzt in diesem Augenblick in unserem Wohnzimmer sitzt?«

»Nein, wer denn?« Natürlich hatte ich keine Ahnung.

»Dr. Nickerson und seine Frau!«

»Wie? Dr. Nickerson? Aber wieso wußte er denn ...? Er hat sich doch eure Adresse gar nie abgeholt, geschweige denn eure Namen?«

Da erzählte mir Rosmarie, auf welch abenteuerlichen Wegen die Nickersons zu meinen Eltern gelangt waren:

»Dr. Nickerson hatte vergeblich versucht, dich noch einmal zu treffen, um unsere Anschrift zu holen. Dennoch war er bei seiner Ankunft in Deutschland entschlossen, uns ausfindig zu machen, obwohl er nicht mehr über uns wußte, als daß wir irgendwo im Schwarzwald lebten. Er kannte nicht einmal deinen Nachnamen! Sein einziger Anhaltspunkt war Campus für Christus, deine Missionsgesellschaft. Mit seiner Frau, die ihm von Amerika nach Deutschland entgegengeflogen war, besuchte er ein junges Studentenehepaar in Freiburg. Als er den Freiburger Freunden von seiner schwierigen Aufgabe berichtete, wußten die beiden einen Rat. Sie trugen das Problem einem Kommilitonen vor, der aus dem Schwarzwald stammt und zur Freiburger Studentengruppe von ›Campus für Christus‹ gehört. Und weißt du was? Der Student war ausgerechnet Paul aus unserem Städtchen! Kurz zuvor war er von Frau Stäudinger um Fürbitte für dich gebeten worden. Ein Anruf bei dieser Frau aus deinem Freundeskreis genügte, um unsere Anschrift zu erhalten – und jetzt sitzen Herr und Frau Dr. Nickerson und das junge Freiburger Ehepaar bei uns am Kaffeetisch. Vater sagte nach Dr. Nickersons Bericht aufatmend: ›Jetzt bin ich wirklich beruhigt!‹«

Und ich war es auch.

Mein erster Dienstabschnitt wäre im Oktober 1984 zu Ende gewesen. Ich war jedoch froh, daß ich erst drei Monate später meinen Heimaturlaub antrat, zu einer Zeit, als ich mir bereits eine ausgewogenere Meinung gebildet hatte über mein Gastland, seine Menschen und meine Aufgabe.

Das Gebet einer Hilflosen

Das Wunder begann mit einer unscheinbaren kleinen Frau: Margaret Spence in Nordirland, die seit vielen Jahren im Rollstuhl saß. Seit einem schweren Verkehrsunfall im Jahre 1973 hatte sie keinen Tag und keine Nacht ohne Schmerzen erlebt. Aber das wußte nur der Arzt. Zu anderen Leuten sprach Margaret nicht davon. Obwohl sie ihr Haus kaum noch verlassen konnte, nahm sie regen Anteil an ihren Mitmenschen und war fortwährend im Einsatz für andere. Man liebte und schätzte sie deshalb, viele Menschen kamen zu ihr, um sich ihren klugen Rat und Zuspruch zu holen oder sie zu bitten, für sie zu beten. Das Gebet für andere war Margarets Hauptbeschäftigung.

Anfang 1983 erhielt sie den ersten Freundesbrief von Familie Brownlie aus Uganda. Darin wurde ein schwieriges Problem angesprochen – die katastrophalen Zustände bei der Wasserversorgung des Mengo-Krankenhauses:

> »Die Kanalisation des Spitals mit seinen 230 Betten ist bereits 1976 zusammengebrochen. Abgesehen von den Auffangtonnen für Regenwasser behilft sich Mengo seitdem mit zweihundert Zwanzigliterkanistern, in denen das Wasser täglich von einer 1,5 Kilometer entfernten Quelle heraufransportiert wird. Für die Versorgung des Operationssaales sind die Angehörigen der Patienten zuständig. Das kostbare Naß für ihren persönlichen Bedarf schleppen die Krankenschwestern auf ihren Köpfen von derselben Quelle den Berg hinauf. Den wenigen, die es sich leisten können, bieten 12- bis 15jährige Schuljungen gegen hohe Bezahlung den mühsamen Dienst an.«
>
> »Man muß es nicht nur gesehen, sondern auch gerochen haben, um es glauben zu können!« hatte Dr. Brownlie

seinen Brief geschlossen. Tatkräftig wie er war, hätte er sich am liebsten die Ärmel aufgekrempelt und das Problem eigenhändig angepackt. Doch wie konnte er als Nichtfachmann ein so schwieriges technisches Projekt in Angriff nehmen? Ganz abgesehen davon, daß es auch an den finanziellen Mitteln dafür fehlte. Außerdem durfte er es sich nicht mit dem städtischen Wasserwerk in Kampala verderben. So oft er sich über den Wassermangel und die toten Ratten in den verrotteten Rohren beklagte, versicherte ihm der zuständige Ingenieur wortreich: »Zwei Wochen noch, Doktor! Zwei Wochen warten Sie noch, dann fließt das Wasser wieder!« Wenn ein Beamter des Wasserwerks das sagte – welches Recht hatte ein Europäer, ihm nicht zu glauben? Offiziell durfte Dr. Brownlie auch nicht wissen, daß die Gehaltszahlungen der staatlichen Angestellten wiederholt ausblieben, und daß sie daher auf dem Standpunkt standen: Wenn sie kein Geld bekamen, wozu sollten sie sich da auch noch anstrengen?

Die drastische Beschreibung in Dr. Brownlies Brief hinterließ einen nachhaltigen Eindruck auf die Kranke in Nordirland. Margaret nahm den katastrophalen Zustand in ihr Gebet auf. Obwohl das Briefeschreiben sie immer schwere rheumatische Schmerzen in den Fingern kostete, setzte sie sich hin und beschrieb Donald und Una Brownlie das Ergebnis:

»Gestern abend beim Gebet hatte ich den starken Eindruck, daß Gott ausgerechnet mich gebrauchen möchte, um eine Wasserpumpe für das Spital zu besorgen. Mir erschien das unmöglich. Ich? Doch dann erinnerte ich mich: ›Ich vermag alles durch den, der mich mächtig macht, Christus. –‹ (Phil 4,13). So antwortete ich:

›Dein Wille soll geschehen. Ich stelle mich Dir zur Verfügung.‹

Heute morgen besuchte mich die Frau eines Pfarrers. Bevor sie ging, gab sie mir 30 Pfund Sterling mit den Worten: Margaret, gestern abend hat mich jemand gebeten, diesen

Betrag für einen lohnenden Zweck zu verwenden. Ich bin sicher, daß du die geeignete Person dafür bist.

Das war für mich Gottes Siegel auf Seinen Auftrag.«

Bischof Kauma, der beliebte anglikanische Bischof der Diözese Namirembe, bekräftigte Margarets Ansicht: »Fang an!« riet er. »Wir haben uns lange genug vertrösten lassen.«

Donald, unterstützt von seiner Frau Una, schob alle Zweifel beiseite und entwarf die Pläne für die neue Wasserversorgung.

Innerhalb einer Woche nach Margarets wegweisendem Brief ging die erste große Spende ein: 11000 Pfund Sterling von der Regierung Nordirlands. Ein Empfänger der »Brownlie-Freundesbriefe« hatte die schnelle und unbürokratische Hilfe erwirkt.

Margaret Spence hörte nicht auf zu beten.

Als nächstes klingelte im Mengo-Hospital das Telefon. Am Apparat war Brian Dorman, der mit der Familie Brownlie befreundet gewesen war, aber schon lange keinen Kontakt mehr mit ihnen gehabt hatte. Jetzt bot der Ingenieur seine Hilfe an, um in den christlichen Gemeinden Nordirlands auf dieses Vorhaben hinzuweisen, Spendenaktionen ins Leben zu rufen, telefonisch technischen Rat zu erteilen, Ersatzteile zu besorgen und zu verschicken.

Im Juli 1983 konnten die ersten Rohre, Pumpen und Wassertanks bestellt werden. Dann fand sich auch der dringend benötigte Fachmann: ein Schweizer Wasserbauingenieur. Fred hatte bereits ein ähnliches Projekt für das Rubaga-Krankenhaus* geleitet. Die Erfahrung hatte er – aber hatte er auch die Zeit? Eben hatte er sich in Uganda einer ausländischen Firma angeschlossen; es schien also recht unwahrscheinlich, daß er zu diesem Zeitpunkt Mengos Hilferuf Folge leisten würde. Und doch: er tat es!

Nun wurden Rohre verlegt, Gräben gegraben, Pumpen installiert. Das Mengo-Hospital glich einem Maulwurfsbau. Aber dann kam der lang erwartete Festtag! Am 21. Dezember

1983 war es soweit: Von der eineinhalb Kilometer entfernten Quelle wurde zum ersten Mal Wasser hochgepumpt – vorübergehend noch in die Regenwassertanks vor dem ältesten Krankenhausgebäude. Welche Begeisterung herrschte da! Die Leute schrien und klatschten in die Hände, als sich das Wasser in die Tanks ergoß. Kein Wasserschleppen mehr in der glühenden afrikanischen Sonne! Jederzeit fließendes Wasser für Patienten und Mitarbeiter!

Innerhalb der nächsten zwölf Monate konnten alle Abteilungen des Spitals an das Leitungsnetz angeschlossen und die vielen brüchigen Rohre, Wasserhähne, Toilettenschüsseln und Waschbecken ersetzt werden. Nach achtjähriger Pause floß und sprudelte es am 23. Februar 1984 erstmals wieder durch alle Leitungen und Hähne. Ein Stein fiel uns allen vom Herzen!

Zwischendurch hatte es allerdings auch ein paar unangenehme Zwischenfälle gegeben. So war Anfang 1984 spät abends in der Wasserzufuhr eine Komplikation eingetreten. Donald Brownlie und sein engster Mitarbeiter, Simon Kayondo, begaben sich auf den Weg zum Pumphaus, als ihnen plötzlich zwei Soldaten entgegentraten. Donalds fröhliches »Guten Abend, meine Herren, so spät noch im Dienst?« wurde mit der drohenden Bewegung von Gewehrläufen beantwortet. Die Mordinstrumente waren jetzt auf den Arzt und seinen Assistenten gerichtet. »Geld her, Uhren, oder wir schießen!« zischten die beiden.

Sich ausplündern zu lassen, war das geringere Übel. Donald und Simon lieferten ihre Uhren und Brieftaschen ab und waren dankbar, daß sie mit dem Schrecken davongekommen waren. Nicht selten hatten Räuber ihre Opfer brutal zusammengeschlagen oder sogar erschossen, wenn ihnen die Beute zu gering erschien oder jemand Widerstand leistete.

Ein zweites böses Abenteuer betraf einen einheimischen Arbeiter, Christopher. Mittlerweile war die Überwachung und Bedienung der neu installierten Pumpe rund um die Uhr erforderlich, und Christopher übernahm die Nachtschicht. Er war noch nicht lange im Dienst, als er zu später Stunde einmal dem muffigen Pumpenhaus entkommen und etwas frische Luft schnappen wollte. Also schlenderte er hinaus in die herrliche afrikanische Nacht. Er hatte nicht bemerkt, daß er beobachtet wurde. Als er das Rascheln im Gras vernahm, war es zu spät. Etwas Hartes traf seinen Hinterkopf und schlug ihn zu Boden. Er verlor das Bewußtsein. Als er wieder zu sich kam und auf allen Vieren in das Pumphäuschen zurückkroch – da fehlte der Pumpe der Motor. Zweifellos würde in den nächsten Tagen auf dem Schauriako-Markt ein kaum gebrauchter Pumpenmotor preisgünstig angeboten werden!

Ein neuer Motor mußte angeschafft werden. Eine teure Angelegenheit, die nur durch die selbstlose Hilfe der Freunde Mengos in aller Welt überhaupt möglich gemacht wurde. Keiner der Nachtdienst tuenden Männer hat sich seither jemals wieder in der Dunkelheit von der Pumpe entfernt!

Und Margaret Spence? Was hatte sie in der Zwischenzeit getan? Sie hatte die ganze Zeit hindurch gebetet und Anteil am Projekt genommen, obwohl es ihr gesundheitlich sehr schlecht ging – 1985 mußte ihr linkes Bein amputiert werden.

Während ihres Heimaturlaubes im Jahr 1986 sahen sie sich wieder: Donald, Una, ihre drei Kinder und Margaret Spence. Trotz ständiger Schmerzen strahlte die beharrliche Beterin Frieden aus. Und dieser Frieden verließ sie nicht, obwohl es mit ihrer Gebrechlichkeit immer schlimmer wurde: Zwölf Monate später waren ihre verkrümmten Finger nicht mehr in der Lage, einen Stift zu halten. Sie konnte keine Briefe mehr schreiben. Zu ihrer zunehmenden Schwäche kamen wiederholt leichte Schlaganfälle. Dann traf eines Tages Brians Telegramm ein:

»Margaret Spence friedlich entschlafen.
Sonntag, 9. Oktober 1988.«

»Schlimm, schlimm! Drinnen bleiben!«

Das Uganda, das ich nach meinem Heimaturlaub im Juni 1985 wieder betrat, war ein Land voll dunkler Ereignisse, düsterer Prognosen und wilder Gerüchte.

Regierungstruppen und eine der zahlreichen Rebellengruppen lieferten sich erbitterte Schlachten am Fuße des Ruwenzori-Gebirges im Westen des Landes. Schreckensmeldungen häuften sich: Bauern in dieser Gegend wollten Eisenbahnwaggons voll Soldatenleichen gesehen haben, die nachts heimlich aus dem Kampfgebiet fuhren. Andere munkelten von scharenweiser Fahnenflucht der Regierungssoldaten. Die Situation wurde immer unübersichtlicher; kaum jemand wußte noch, wer die einzelnen Rebellengruppen waren und wofür – oder wogegen – sie eigentlich kämpften. Nur daß andauernd gekämpft wurde, das wußte man sicher.

Niemand glaubte mehr den beruhigenden Bulletins der Regierung, daß »die Lage völlig unter Kontrolle sei«. Heftige Schießereien in und um die Hauptstadt herum und die sichtbaren Spuren grausamer Gewalttaten ließen sich immer weniger vertuschen. Verlassene Dörfer, Leichen Erschossener, geplünderte Häuser – wer wollte da noch behaupten, es herrsche Ruhe im Land? Der Putsch war unvermeidlich. Diskutiert wurde nur noch über das Datum, wann der verhaßte Diktator Milton Obote endlich aus dem Land gejagt würde.

Das Stadtzentrum Kampalas war manchmal schon vor 16 Uhr wie ausgestorben. Jeder wollte zu Hause und in Sicherheit sein, wenn das Unheil hereinbrechen würde, das man nun von Tag zu Tag erwartete. Meine kanadische Freundin Lynne ertappte den Rektor ihrer Internatsschule beim Horten von Lebensmittelvorräten für seine rund tausend Schüler. Er rechnete damit, daß die Verkehrswege zur Hauptstadt bald abgeschnitten und die Märkte geschlossen sein würden.

In dieser Situation der Ungewißheit, Bedrohung und Angst waren mir Gäste willkommener denn je, ob Schwarze oder Weiße, Kolleginnen aus meiner oder anderen Missionen. Wer im wenig erschlossenen Hinterland lebte, war bei Besuchen in der Hauptstadt meist auf eine Bleibe bei Freunden angewiesen. So konnte ich mich über Einsamkeit nicht beklagen. Dann saßen wir abends im Schein einer Kerosinlampe bei Tee und Bananen beisammen, erzählten einander unsere Erlebnisse, gaben die neuesten Gerüchte zum Besten und diskutierten darüber, wie wohl die Lage einzuschätzen sei – wobei sich diese Einschätzung von Stunde zu Stunde änderte, so verworren war alles.

So war es auch am Freitag, den 26. Juli, als eine deutsche Missionarin namens Gerlinde bei mir zu Gast war. Sie hatte eben ihre Einsatzzeit im Westen des Landes beendet und wartete nun bei mir auf ihren Rückflug nach Deutschland.

Wir hörten regelmäßig die Nachrichten der BBC, die ein weitaus ausgewogeneres Bild der Lage gaben als das propagandistische Radio Uganda. An diesem Freitag lieferten die Abendnachrichten unserer Unterhaltung neuen Zündstoff: Der Sprecher meldete eine Spaltung in der Armee des Präsidenten Milton Obote und den Marsch abtrünniger Truppen auf Kampala!

Auch das noch: Neue Kräfte im Spiel um die Macht! Bedeutete das eine neue Bedrohung, die wir zu fürchten hatten? Oder hatten Guerillas und Deserteure sich verbündet im Kampf gegen den gemeinsamen Feind? Fragen über Fragen – und eine letzte Möglichkeit, daß selbst die BBC-Nachrichtenredaktion einem Gerücht zum Opfer gefallen war und die Meldung am nächsten Tag dementiert würde. Auch das wäre nichts Neues gewesen. Aber diese Hoffnung sollte enttäuscht werden.

»Kampala ist von allen Seiten von Soldaten umzingelt, die Landesgrenzen Ugandas sind geschlossen, und der Präsident ist heute nacht ins Ausland geflohen!«

Gerlinde überbrachte diese Schreckensnachricht am Samstagmorgen nach einem Besuch in der deutschen Botschaft. Ich war erstaunt, daß sie dort überhaupt Einlaß gefunden hatte. Normalerweise war die Botschaft samstags geschlossen. Offenbar war die Situation bitterernst!

Sie hatte kaum ausgeredet, als wir das dumpfe Dröhnen von Kanonendonner hörten. Kein Zweifel: Es war soweit! Aber wer waren die Belagerer? Milton Obotes Soldaten? Oder die desertierenden Truppen, deren Vormarsch im Radio gemeldet worden war? Sobald die bedrohlichen Geräusche aus weiterer Entfernung kamen, stürzten wir begierig nach neuen Informationen aus dem Haus – mitten in die Vorboten des Krieges hinein!

Eingehüllt in rötliche Staubwolken brausten fremde Pkw durch die Einfahrt des Krankenhausgeländes, als seien ihnen die Soldaten schon auf den Fersen. Wollten sie sich bei uns verstecken, oder suchten sie nur unbewachte Pfade, um so schnell und sicher wie möglich nach Hause zu kommen?

Inmitten einer neuen Staubwolke erkannten wir plötzlich Zacharias Kalega, der uns auf deutsch zurief:

»Schlimm, schlimm! Drinnen bleiben!«

Wir hielten es jedoch nicht lange im Hause aus und suchten nach Leuten, die uns Bescheid geben konnten. Schließlich stießen wir auf Eva und Milly, zwei junge ugandische Hebammen. Sie waren soeben auf Schleichwegen aus der Stadt zurückgekehrt. Sie hatten sich im Zentrum aufgehalten, als plötzlich Lastwagen voll Parolen brüllender Soldaten eingefahren waren. Wer sie waren, auf wessen Seite sie standen – das herauszufinden hatte sich niemand die Mühe gemacht: Als die Lastwagen angehalten hatten und ihre bis an die Zähne bewaffnete Besatzung abgesprungen war, hatte jedermann Hals über Kopf die Flucht ergriffen, nach allen Richtungen waren schreiende Menschen davongestürmt, um in Häusern und Seitengassen Zuflucht zu suchen.

Dann tauchten auch rund ums Mengo-Hospital Soldaten auf: Mürrische Burschen in staubbedeckten Uniformen, die kein Wort mit uns wechselten. Um 12 Uhr mittags strahlte Radio Uganda anstelle der Nachrichten fröhliche Marschmusik aus. BBC bestätigte den Sturz der Regierung durch Militär aus dem Nordosten Ugandas. Minuten atemberaubender Stille folgten – Denkpause einer überraschten Nation? Ich vernahm die schweren Schritte des Soldaten, der hinter meinem Haus an der Mengo-Durchfahrt patroullierte. War er Freund oder Feind? Eine ohrenbetäubende Schießerei und dazwischen das Geräusch klirrender Glasscheiben setzte meinem Grübeln ein Ende!

Der Machtwechsel ging einher mit einer Plünderungs- und Zerstörungswelle von bisher ungekanntem Ausmaß. Jeder vergrub und versteckte seine Besitztümer, um nicht völlig ausgeraubt zu werden. Ich verbarg meine Barschaft hinter Kästen und in Küchenmöbeln – in meiner panischen Aufregung versteckte ich sie allerdings so gut, daß trotz eifrigen Suchens erst nach einem Jahr das letzte Bündel wieder zum Vorschein kommen sollte, zu diesem Zeitpunkt durch die Inflation zu einem Nichts zusammengeschrumpft!

Die lang geplante Kinder-Geburtstagsfeier bei Familie Brownlie fand dennoch statt. Una hielt Zerstreuung für die beste Medizin. Während längerer Feuerpausen trafen kleine und große Gäste, Schwarz und Weiß, aus der Krankenhaussiedlung ein. Es war fast ein normaler Kindergeburtstag mit fröhlichen Spielen, Geschenken, Essen und Trinken. Die militärischen Hintergrundgeräusche schienen die Kleinen kaum zu kümmern, eher störten sie die streng rationierten Happen (wer wußte schon, wann die Märkte wieder öffnen würden?).

Mitten hinein ertönte die Stimme eines Totgeglaubten: Das Telefon! Wir konnten kaum glauben, daß es tatsächlich klingelte – schließlich funktionierte es nicht einmal in Friedenszeiten!

»Hallo?« rief eine Männerstimme mit unverkennbar irischem Akzent. »Hallo? Ist alles in Ordnung bei euch?«

Brian Dorman in Irland hatte am Radio die Nachrichten über Uganda aufmerksam verfolgt. Getrieben von der Sorge um seine Freunde wählte er Kampala an – und kam durch! Die frohe Botschaft, daß wir alle lebten und gesund waren, verbreitete er daraufhin per Telefon bei unseren Angehörigen in Irland, England und Deutschland.

Meine Schwester berichtet dazu:

> »Der 27. Juli war ein Samstag. Zum Auftakt der Sommerferien hatten wir mit unseren beiden jüngeren Kindern einen Ausflug unternommen. Als wir abends heimkamen, rief uns Mathias, unser ältester Sohn, schon aus dem Fenster entgegen:
> ›In Uganda war ein Putsch. Aber Elisabeth geht es gut!‹
> In den Rundfunknachrichten hatte er schon nachmittags vom Sturz der Regierung in Uganda gehört. Gegen Abend hatte dann eine uns völlig unbekannte Dame aus Köln im Auftrag eines Mr. Brian aus Nordirland angerufen, um uns zu sagen, daß Elisabeth wohlauf sei, und daß wir über diesen Mr. Brian möglicherweise am nächsten Morgen weitere Informationen bekommen könnten. Wir sollten sofort zurückrufen – da stellte sich heraus, daß Mathias in seiner Aufregung die Telefonnummer und Anschrift des Anrufers aus Nordirland falsch aufgeschrieben hatte! Von der Anruferin aus Köln wußte er weder das eine noch das andere. Aber wenigstens hatten wir ein Lebenszeichen von Elisabeth und konnten auch unsere Eltern, die ebenfalls durch die Nachrichten schon von dem Geschehen in Kampala wußten, beruhigen.

Den ganzen Abend hörten wir die Nachrichten aus Rundfunk und Fernsehen, erfuhren aber nichts Neues mehr, bis kurz vor Mitternacht der beruhigende Satz fiel:
›Keiner der in Kampala lebenden Europäer ist zu Schaden gekommen.‹
So konnten wir Gott danken und Ihn bitten, seine Hand weiter über Elisabeth zu halten.
Die Nachricht vom Sturz Obotes traf uns nicht unvorbereitet. Elisabeth war ja gerade erst im Heimaturlaub gewesen. Jedermann hatte in Uganda mit einem Putsch gerechnet, und nachdem er sich noch nicht wie erwartet in der ersten Jahreshälfte ereignet hatte, wußten wir, in welche Unsicherheit wir meine Schwester entließen, als wir am 17. Juni auf dem Flughafen Zürich-Kloten von ihr Abschied nahmen.
Als Elisabeth Anfang 1982 zur Vorbereitung auf ihre Missionstätigkeit in London gewesen war, hatte sie längere Zeit noch nicht gewußt, in welchem Land sie eingesetzt würde. Als ich sie in dieser Zeit einmal danach gefragt hatte, meinte sie:
›Das Schlimmste, was mir passieren könnte, wäre, wenn ich nach Uganda müßte!‹
An diesen Satz wurde ich nun besonders erinnert.
Am Sonntag nach dem Gottesdienst informierten wir unsere Freunde und baten um Gebetsunterstützung. Danach versuchte ich, jenen unbekannten Mr. Brian in Nordirland zu erreichen. Ein äußerst hilfsbereiter Mann bei der internationalen Fernsprechauskunft nahm sich viel Zeit, und mit Hilfe seiner Phantasie und Geduld rekonstruierten wir allmählich den Ortsnamen ›Carrickfergus‹. Tatsächlich, dort gab es einen Mr. Brian Dorman, dessen Telefonnummer eine gewisse Ähnlichkeit mit der von Mathias notierten Zahlenfolge hatte!

Ich machte mir Sorgen, ob mein eingerostetes Schulenglisch einem Ferngespräch standhalten würde. Aber Mr. Brian hatte mit einem Anruf aus Deutschland gerechnet und sprach betont langsam und deutlich und in einfachen Vokabeln, so daß ich ihn gut verstand. Er konnte mir aber nichts Neues sagen, da ihm an diesem Morgen noch keine Verbindung nach Kampala geglückt war. Er wollte es am Nachmittag wieder versuchen und bat mich, ihn am Abend wieder anzurufen.

Kurz darauf klingelte das Telefon wieder. Am Apparat war die Mutter einer Medizinstudentin aus der Pforzheimer Gegend, die mit dem Deutschen Missionsärzteteam* vor drei Tagen nach Uganda geflogen war. Sie machte sich große Sorgen, da sie noch keine Nachricht hatte, ob ihre Tochter überhaupt in Kampala angekommen war. Eine telefonische Verbindung nach Uganda war nicht zustandegekommen. Ich konnte sie ein wenig beruhigen und empfehlen, ebenfalls mit Mr. Dorman Verbindung aufzunehmen.

Am Nachmittag hatte unser Helfer in Irland dann wirklich Erfolg. Er konnte Dr. Brownlie erreichen und erfuhr, daß es allen, nach denen er sich erkundigte, gut ging. Für mich hatte er noch eine spezielle Botschaft: Elisabeth bat mich, sie am nächsten Abend um 18 Uhr über einen bestimmten Anschluß – den letzten im ganzen Gebäudekomplex, der noch funktionierte! – anzurufen. Aber am nächsten Tag war auch diese Leitung tot.

Normalerweise hörte ich wenig Radio. Aber in diesen Tagen, wie immer, wenn ich wußte, daß die Lage in Uganda besonders kritisch war, hörte ich stündlich die Nachrichten, oft auch über BBC. Nachrichtenhören und Beten waren unsere Hauptbeschäftigung in den nächsten Tagen. Unsere Nerven waren zum Zerreißen angespannt. Als endlich am Freitag von Campus für Christus die Nachricht kam, Elisabeth hätte sich über Funk in Nairobi gemeldet und sei wohlauf, konnte ich vor Erleichterung nur noch ins Telefon schluchzen: ›Gott sei Dank!‹

Später stellte sich heraus, daß sich lediglich Elisabeths Mission über Funk in Nairobi gemeldet und dabei beiläufig ihren Namen erwähnt hatte. Trotzdem: die falsche Meldung hatte ihren Zweck erfüllt! Wir waren beruhigt.«

Tage der Angst

»Ihr zwei jungen Frauen solltet heute nacht nicht alleine bleiben!« mahnten uns die Thompsons.

Der Spitalsarzt Dr. Thompson und seine Frau verfügten über genug Erfahrung, um ernstgenommen zu werden: Nach mehrjährigem Aufenthalt in China zur Zeit der Revolution und 30jährigem Dienst in einem Busch-Krankenhaus in Kenia waren sie – nachdem sie es schon einmal mit dem Ruhestand in England versucht hatten – im Juni zu einem nochmaligen Einsatz im Mengo-Krankenhaus angereist.

Wir gaben ihnen recht – mein abseits gelegenes Häuschen war kein sicherer Aufenthaltsort. Gerlinde entschloß sich, bei einer deutschen Gruppe im Gästehaus* die Nacht zu verbringen. Ich blieb eine Nacht bei Thompsons und eine bei Brownlies, jedesmal begleitet von meinem Kurzwellenradio, aus dem stündlich neue beunruhigende Meldungen drangen. Verschreckt von stundenlangem Artilleriefeuer rings um uns herum verkroch ich mich ins Bett, »beschützt« von meinem noch kaum dem Welpenalter entwachsenen Hund, der sich nicht weniger fürchtete als ich.

Wie würde das Chaos ausgehen? Wie würden sich die übrigen Rebellengruppen verhalten? Der Nachrichtendienst der BBC war unsere einzige verläßliche Informationsquelle. Er nannte uns den Namen des neuen politischen Führers: General Tito Okello aus dem Stamm der Acholi* im Nordosten des Landes. In der politischen Szenerie Ugandas war er bislang noch nicht aufgetaucht, sein Name sagte uns nicht viel. Würde er Frieden bringen? Oder eine dritte Schreckensherrschaft errichten?

Zwei Tage lang hielten wir uns angstvoll nur innerhalb des Spitalsgeländes auf. Einmal erreichte das Chaos des Krieges unsere Tore: Eine ohrenbetäubende Schießerei schreckte uns auf, gefolgt vom Lärm eines Rudels schwer bepackter triumphierender Menschen, die mit geraubtem Gut beladen auf funkelnagelneuen Fahrrädern oder eiligst zu Fuß davonstoben. Die Container waren aufgebrochen worden! Sie lagerten in unserer unmittelbaren Nachbarschaft hinter weiteren Zäunen und Gittern und enthielten Hilfsgüter aus aller Welt für die Ärmsten Ugandas. Ihre Schlösser waren kurzerhand herausgeschossen worden.

Am dritten Tag bekamen wir dann die ersten Boten von außerhalb zu Gesicht. »Wie habt ihr überlebt?« riefen sie uns entgegen, als sie zum Tor hereinstolperten sahen – einige blaß und mager, weil die Lebensmittel erschöpft, die Stromversorgung unterbrochen und die Märkte geschlossen oder geplündert waren. Wir schafften herbei, was es an Essen gab, bevor sie – beruhigt über unser Wohlergehen – ihren Erkundungsmarsch fortsetzten, um weitere Freunde aufzuspüren. Gott sei's gedankt – eine heimreisende Missionarsfamilie hatte mir erst vor kurzem eine reich gefüllte Speisekammer »vererbt«. Die deutschen Missionsärzte* öffneten ihre Container. Bundeswehrrationen, vor Jahren einmal in Deutschland verpackt und verschickt, kamen zum Vorschein und wurden auf meinem Gasherd aufgewärmt. Es gab reichlich auszuteilen, und alle wurden satt.

Schlimmer sah es mit der Wasserversorgung aus.

»Elisabeth, kannst du hundert Liter aus deinem Tank entbehren?« Die Leiterin des Gästehauses war verzweifelt auf der Suche nach dem kostbaren Naß. Der Stromausfall hatte seit 24 Stunden die Wasserpumpe lahmgelegt. Jetzt war die Katastrophe da: Zwanzig Gäste, kein fließendes Wasser, ein leerer Regenwasser-Tank und die nächste Quelle eineinhalb Kilometer entfernt in höchst unsicheren Gefilden, in denen man nur unter Lebensgefahr Wasser holen konnte! Meine Zustimmung wurde nicht ohne Bangen erteilt. Wer wußte, wie lange es noch dauern würde, bis die Pumpe wieder funktionierte? Die Jahreszeit und ein Blick zum strahlend wolkenlosen Himmel ließen wenig Hoffnung auf Regen zu.

Aber Gott beschämte meine ängstliche Vorsicht: Zwei Stunden später ergoß sich ein tropischer Platzregen über uns, der alle Tanks füllte. Auch die Pumpe nahm bald ihren Dienst wieder auf. Im Mengo-Hospital floß das Wasser wieder in Strömen.

»Liz, wie wäre es mit einer Stadtrundfahrt?« Bessie Brown strahlte mich an, als wären wir auf Urlaubsreise.

»Mit einer – was??« Ich traute meinen Ohren nicht: Drei Tage nach dem Putsch eine Stadtrundfahrt?

»Eine Fahrt über den Schauplatz der Ereignisse! Seit gestern gehen wieder Leute in die Stadt!«

Bess und Chuck, ein amerikanisches Lehrerehepaar, hatte sich drei Tage lang in ihrem Haus in der Nähe des Krankenhausdorfes verbarrikadiert. Jetzt hatten sie offensichtlich genug vom Eingesperrtsein. Ich lehnte ihre Einladung dankend ab, bat sie aber, zur Berichterstattung bei einer Tasse Tee zurückzukommen.

Als sie zurückkamen, war ihre Laune längst nicht so strahlend wie bei der Abfahrt. »Ich hätte lieber hier bleiben sollen!« Bess ließ sich erschöpft auf mein Sofa fallen – ein ausrangiertes Möbelstück der amerikanischen Botschaft, das protestierend unter jedem Gewicht quietschte. »Es war entsetzlich ... Chuck ist auch ganz verstört.«

Der Anblick von sechs Leichen, den vielen grimmig dreinschauenden bewaffneten Soldaten und den zerstörten Geschäften hatte sie zutiefst erschüttert. Wohin man blickte sah man ausgeplünderte Läden, zersplitterte Fensterscheiben und Berge von Unrat. Verschwunden auch die wenigen stolzen Errungenschaften ausländischer Zivilisation, die erst vor kurzem einen triumphalen Einzug gefeiert hatten: Das Fotogeschäft eines Inders (in das ich einen meiner Filme zum Entwickeln gegeben hatte) sowie das kleine chinesische Restaurant mit seiner stattlichen Auswahl von zwei bis drei Menüs (an Tagen gesicherter Elektrizitätsversorgung). Die wenigen Leute, die in der Stadt unterwegs waren, waren zurückgekehrte Flüchtlinge, die sich den Schaden an ihren Wohnungen und Geschäften besehen wollten, sowie Räuber und Plünderer.

»In den Lagerhallen am Flughafen soll es am schlimmsten aussehen. Die Leute sagen, was nicht geraubt wurde, sei von Vandalen zerstört«, fuhr Bess fort.

Die Lagerhallen? »Meine Luftfracht!« schrie ich auf.

»Was meinst du?« Bess starrte mich verwundert an.

»Hör zu ... das glaubst du mir nie!« Immer noch außer mir vor Verblüffung und Verwunderung erzählte ich ihr: »Am Tag vor dem Putsch war eine elf Pakete umfassende Luftfracht – an mich adressiert – am Flughafen eingetroffen. Das war ja nicht ungewöhnlich. Aber was mir absolut unbegreiflich erschien, war ihre schnelle Zustellung gewesen: Bereits zwei Stunden nach der Landung in Entebbe stand alles vor meiner Tür!«

»Nach zwei Stunden? In Uganda?« rief Bess. »Das ist ja ein Wunder!«

»Ich glaube, das ist es tatsächlich. Die Fracht wurde abgefertigt, ohne den üblichen mehrtägigen Abfertigungsprozeß in den Lagerhallen durchlaufen zu haben! Und weißt du warum? Ein paar deutsche Mitreisende, die von mir und meiner Fracht wußten, fragten nach – nur um sicherzugehen, daß alles klappte – wann meine Kostbarkeiten abholbereit sein würden. Der Beamte muß wohl irgendetwas mißverstanden haben, denn er nahm die bescheidene Frage zum Anlaß, alle Vorschriften, Formalitäten und Versuchungen zur Korruption über Bord zu werfen, selbst auf die Identifizierung der Fragenden zu verzichten und ihnen auf der Stelle meine elf Pakete auszuhändigen!«

Bess ließ sich ins Sofa zurücksinken. »Das war tatsächlich ein Wunder!« murmelte sie beeindruckt.

Später erfuhr ich folgendes: Mitgeflogen mit meiner Fracht war ein Mercedes-Landrover eines deutschen Spenders für die medizinische Arbeit in Uganda. Ihm war der Routinedurchlauf durch die Lagerhallen nicht erspart geblieben. Buchstäblich bis auf die nackte Karosserie ausgeplündert, ging er eine Woche später an seinen neuen Besitzer über, der nichts mehr mit ihm tun konnte, als ihn zum Schrottplatz zu fahren!

»Wohin sollen wir gehen?«

»Ist es nicht herrlich, daß hier alles wieder einigermaßen normal läuft, Robinah?«

»Erst mal abwarten, was Museveni tut!« Meine afrikanische Mitarbeiterin dämpfte meine Euphorie über die Normalisierung des Lebens: Nach nur zehn Tagen war der Alltag wieder in Uganda eingekehrt; Märkte, Landesgrenzen und der Flughafen waren wieder geöffnet, die Menschen an ihren Arbeitsplatz zurückgekehrt. Auch unsere Schüler hatten sich wieder eingefunden.

Nur: Was die politische Situation anging, war noch nichts entschieden. Alles wartete auf den Schachzug Musevenis. Er war der Führer der Nationalen Widerstandsarmee (NRA*), der bedeutendsten aller Guerillagruppen.

Wieder verbrachten wir viel Zeit damit, angespannt lauschend am Kurzwellenradio zu sitzen.

An meiner Türe klopfte es. Als ich sie öffnete, stand zwischen zwei stark ramponierten Koffern meine Freundin Lynne vor mir.

»Hast du Platz für mich?« rief sie mir entgegen. »Ich bin auf der Flucht! Die NRA hat Masaka eingekreist!«

Ihr ugandischer Einsatzleiter hatte das Team zum Aufbruch bewogen. Lynne hatte Hals über Kopf ihre Missionsstation verlassen müssen und war in ihrem bis unters Dach vollgepackten R 4 zum Mengo-Hospital geflohen.

»Wir hatten keine Wahl. Pfarrer Kaziringa wollte die Verantwortung für uns nicht länger übernehmen. Ohne ihn wären wir auch nicht mehr aus Masaka herausgekommen. Er hat mit den Rebellen verhandelt, bis sie uns freie Fahrt zugesichert haben. Jetzt kommt niemand mehr in die Stadt hinein oder hinaus!«

Nach den Städten Fort Portal und Mbarara sollte nun also auch Masaka in die Hände der NRA fallen! Die Rebellenarmee kam uns immer näher: Masaka befand sich nur 130 Kilometer südwestlich von Kampala.

»Und was nun?« fragte ich.

Lynne zuckte stumm die Achseln. Sie wußte nicht weiter.

Die Verantwortlichen unserer Mission in Kampala fällten schließlich die Entscheidung: Lynne und ihr Team sollten sich auf unbestimmte Zeit bei unseren Kollegen in Kenia nützlich machen. »Sepi und Pfarrer Bugimi lassen dir und Paula mitteilen, daß ihr auch schon einmal eure Koffer bereithalten sollt!«

Das traf mich hart: Unsere nationalen Leiter gaben erstmals die drohende Gefahr offen zu.

Aber: Wollte ich gehen? Ich fand dazu keine Bereitschaft in mir. Was wollte ich sonst? Wollte ich einen Krieg miterleben? Nein. Was dann?

Es fiel mir in dieser Situation schwer, Freunde ziehen zu lassen – lieber hätte ich sie in diesen schweren Tagen um mich gehabt. Meiner Freundin Paula ging es nicht anders. Die junge Lehrerin kam aus Finnland und unterrichtete an einer Internatsschule zwölf Kilometer südlich von Kampala. Beide waren wir entschlossen zu bleiben, es sei denn, Gott befahl uns unmißverständlich, zu gehen. Wir kamen überein, für die Verhinderung unserer möglichen Evakuierung zu beten.

Mit einer Pufferzone von 100 bis 200 Kilometern umlagerte die NRA die Hauptstadt bald von drei Seiten. Uganda war damit in zwei Regionen zerteilt. Zwischen beiden Landesteilen gab es keinerlei Verbindung mehr. Die bedrängte Regierung Tito Okellos versuchte in Nairobi die Situation mit endlos erscheinenden Friedensgesprächen zu retten. Als Anfang Oktober die Universität ihren Betrieb wieder aufnahm, fehlten die Studenten aus den besetzten Gebieten.

Ein Patient aus Masaka lag lange auf einer internen Station des Mengo-Krankenhauses. Wir wußten nicht, was wir mit ihm tun sollten: Er konnte nicht nach Hause entlassen werden, aber er konnte auch die Pflegegebühren längst nicht mehr bezahlen. Seine mitgebrachte Barschaft war seit langem erschöpft. Ein kleiner privater Hilfsfonds mit Gaben von Freunden in Deutschland rettete die Situation – wir konnten ihn unterstützen, bis er seinen Zwangsaufenthalt im Spital endlich beenden durfte.

Hinter vorgehaltener Hand ging das Gerücht um: »Auf den Durchgangsstraßen in Masaka kann man einen prall gefüllten Koffer stehen lassen und am nächsten Tag noch genauso unberührt vorfinden!«

Mysteriöse nächtliche Grenzgänger sorgten für den Umlauf dieser und ähnlicher Schilderungen eines paradiesischen Lebens im abgetrennten Landesteil. Die Realität von Kampala stand in denkbar schroffem Kontrast zu diesem sagenhaften Friedensreich. Gewalttaten durch Soldaten und bewaffnete Diebe waren bei uns weithin an der Tagesordnung.

An einem späten Abend saß ich beim Briefeschreiben – da riß mich das ohrenbetäubende Krachen einer Gewehrsalve in unmittelbarer Nähe von meinem Hocker am Schreibtisch. Irene, eine Krankenschwester, die sich gerade außerhalb meines Häuschens aufgehalten hatte, stürmte leichenblaß herein und warf sich neben mir auf den Fußboden. Im Dunkel der Nacht draußen donnerten neue Gewehrsalven los. Die Wände erzitterten von den Detonationen.

»Es muß direkt hinter deinem Haus sein«, flüsterte Irene, »aber ich habe nichts gesehen.«

Fast eine Stunde lagen wir in der Dunkelheit in Deckung und beteten angstvoll um Schutz und Bewahrung.

Erst am nächsten Morgen erfuhren wir, was vorgefallen war.

Die drei Nachtwächter des Spitals hatten sich hinter meinem Haus versammelt, als sie auf verdächtige Schatten und Geräusche bei einem Nachbarhaus aufmerksam geworden waren. Zur Warnung hatten sie einige Schüsse in die Luft abgegeben, die von den Dieben jedoch mit gezieltem Gewehrfeuer auf das Heftigste erwidert worden waren. Die Wächter stoben nach allen vier Windrichtungen auseinander.

Im Nachbarhaus befanden sich zur der Zeit wehrlose kleine Kinder und ihre Tanten, die sie betreuten. Die Mieter – ein Krankenpfleger und seine Frau – hatten sich zur Zeit der Einnahme Masakas zu einem Besuch dort aufgehalten und waren seither verschollen. So waren die Bewohner leichte Beute für die bewaffneten Räuber, die das Haus bis zum letzten Nagel plünderten.

Als ich das hörte, packte mich von neuem eine ohnmächtige Wut auf die untätigen Behörden, die die Bürger schutzlos dieser niederträchtigen Willkür überließen.

Aber – welchen Schutz hatte denn ich? Einen jungen Hund, eine leicht einzutretende Glastüre und eine allzeit bereite Trillerpfeife! Nichts bot mehr eine Garantie für Sicherheit – weder der Zaun des Spitals noch die Nachtwächter, die in der letzten Nacht davongelaufen waren und auch nicht meine weiße Hautfarbe. Römer 8,38 schoß mir durch den Sinn:

»Nichts kann uns scheiden von der Liebe Gottes ...«

Wollte ich es wirklich darauf ankommen lassen?

»Sind Sie Frau Stockburger?«

Vor mir stand ein Beamter des Bundesgrenzschutzes der Deutschen Botschaft.

»Können Sie um 17 Uhr in der Residenz des Botschafters sein?«

Es war bereits 16 Uhr. Schlimmes ahnend, sagte ich zu.

In der Residenz hatten sich deutsche Entwicklungshelfer, Missionare und Experten deutscher Firmen versammelt. Der Botschafter informierte uns über den Stand der politischen Ereignisse und schloß: »Wenn Sie hier nicht einen Krieg miterleben wollen, dann gehen Sie! Aber JETZT! Noch ist die

Straße nach Kenia offen – wie lange noch, weiß niemand. Falls Sie sich entscheiden, zu bleiben, dann überlegen Sie schon jetzt, durch welchen Hinterausgang Sie entfliehen werden, wenn Ihr Haus gestürmt wird. Halten Sie einen Notkoffer bereit. Für diesen Fall können wir Ihnen keine diplomatische Hilfe zusichern.«

Mit einem beklommenen Gefühl fuhr ich nach Hause. Daß die Situation gefährlich war, ließ sich nicht leugnen. Ich war in Uganda nie ohne ein gewisses Unbehagen hinter dem Steuer gesessen, aber jetzt erwartete ich hinter jeder Kurve schwerbewaffnete Soldaten, die mir auflauerten und mich meines Fahrzeugs berauben wollten.

Mein alter innerer Konflikt verschärfte sich:

Miterleben wollte ich den Krieg nicht – aber ich wollte ihm auch nicht ausweichen. Schließlich konnten das meine ugandischen Schwestern und Brüder auch nicht. Ich ertappte mich beim Zitieren der Frage des Petrus:

»Herr, wohin sollen wir gehen?«

Sie sprach mir aus tiefstem Herzen, obwohl ich nicht mehr wußte, in welchem Zusammenhang Petrus sie seinerzeit ausgesprochen hatte. Mit Hilfe der Konkordanz schlug ich zu Hause in meiner Bibel nach und fand sie in Johannes 6,68a. Seltsam berührt las ich die Fortsetzung, die Antwort, die Petrus sich selbst gegeben hatte!

»Du hast Worte des ewigen Lebens.«

Die Bedeutung dieser Worte erschloß sich mir im Verlauf der nächsten Tage. Sie schob sich langsam aus dem Hintergrund meiner Gedanken in den Vordergrund. Dort angekommen, ließ sie sich nicht mehr übersehen. Die Botschaft, die immer deutlicher durch alle meine besorgten, erschreckten und verwirrten Gedanken drang, hieß:

»Ob du in Deutschland bist, Uganda oder sonstwo – das ist nicht ausschlaggebend. Einzig und allein maßgeblich ist, bei dem zu sein, der die Worte des ewigen Lebens hat.«

Damals hatte ich einen Traum, der mich sehr beschäftigte:

Gegen meinen Willen sollte mich ein Flugzeug nach Deutschland zurückbringen. Ich konnte mich nicht mehr erinnern, wie ich hineingelangt war, aber ich wollte zurück nach Kampala. Das Flugzeug kam jedoch meinem Heimatland immer näher. So versuchte ich, mich auf zu Hause zu freuen. Es gelang nicht. Der Traum endete mit Selbstvorwürfen: »Wie hatte ich es nur übers Herz bringen können, Kampala zu verlassen?«

Dazwischen war ich mehrmals aufgewacht. Jedem Aufwachen folgte die Freude darüber, daß ich noch in Uganda war. Sie begleitete mich in den Tag hinein. Und dieses Gefühl der Freude, das den deprimierenden Traum ablöste, setzte meiner Zerrissenheit ein anhaltendes Ende: Ich würde bleiben, die Nähe Jesu suchen und Ihm bewußt meine Situation überlassen – wie auch immer sie aussehen sollte.

Am Sonntag darauf trat mir Joel, ein afrikanischer Mitarbeiter unserer Mission, auf dem Heimweg vom Gottesdienst in den Weg. »Ich muß dir etwas sagen.« Die Mitteilung, die er mir zu machen hatte, schien ihm etwas unangenehm zu sein. Er murmelte verlegen: »Elisabeth, es tut mir furchtbar leid: Ich hätte dir am Freitag eine Nachricht von Sepi überbringen sollen, aber ich hatte es ganz vergessen!«

»War es denn etwas Wichtiges?« Meine Neugier war erwacht.

»Nun ja ... wie man's nimmt. Du hättest deine Sachen packen und am Samstag nach Nairobi fliegen sollen!«

Und heute war Sonntag! Ich mußte hellauf lachen. Gottes Wege sind doch manchmal originell! Paulas und meine Bitte um unser Bleiben hatte Er mit Hilfe der Nachlässigkeit Joels erhört ...

Meiner nächsten Begegnung mit unseren ugandischen Vorgesetzten sah ich mit Spannung entgegen. Doch ich kam aus dem Staunen nicht heraus: Statt Ärger, daß ihre Anordnungen nicht befolgt worden waren, ernteten wir Anerkennung und Zuspruch für unseren Wunsch, zu bleiben.

Mittlerweile unterzeichneten in Nairobi die NRA und die Regierung einen Friedensvertrag. Seine Anwendung ließ jedoch auf sich warten: Museveni schien keine Anstalten zu treffen, sein neues Amt als Vizepräsident anzutreten und die besetzten Gebiete freizugeben. Die Teilung des Landes wurde immer schmerzlicher empfunden, die Unsicherheit über die Zukunft wurde jeden Tag größer. Es tauchten Zweifel auf an der militärischen Stärke der Rebellen. »Sonst wären sie doch schon längst hier!« hörte man.

Das Weihnachtsfest 1985 erlebten wir inmitten dieser dunklen und verworrenen politischen Situation und in der Trauer um eine zerrissene Nation. Zu den Sorgen wegen des Krieges kam meine persönliche Einsamkeit: Paula war inzwischen zu ihrem Heimaturlaub in Finnland aufgebrochen. Ich war als einzige ausländische Mitarbeiterin meiner Mission zurückgeblieben.

Am Abend des 1. Feiertages versammelten sich ugandische Freunde und Nachbarn bei mir zum Weihnachtsliedersingen. Kaum schien es, als sollte doch noch Weihnachtsstimmung aufkommen, da wurde unsere Feier mit einem Schlag unterbrochen. Schüsse krachten, aus der Entfernung hörten wir das dumpfe Donnern näherrückender schwerer Artillerie. Eine wilde Schießerei tobte rings um die Stadt. Aber wer schoß auf wen? Stand das Heer Musevenis schon vor unseren Toren?

Wir warfen uns auf den Fußboden und verharrten dort, flach hingestreckt, betend und angstvoll auf den Lärm des Krieges lauschend, bis das Getöse schließlich allmählich verstummte.

Am anderen Tag sollte auf dem Universitätsgelände die »Explo 85« beginnen – eine weltweite christliche Satellitenkonferenz. Wir fragten uns: Würde es unter diesen Umständen überhaupt dazu kommen?

Es kam dazu. Am nächsten Tag schien es uns, als sei die nächtliche Szene zu einem bösen Spuk verblaßt. Was eigentlich geschehen war, wer gegen wen gekämpft hatte, konnte uns niemand sagen.

Auf der Konferenz hörte ich Worte, die mich zutiefst berührten.

»Wir Ugander beten um Frieden, aber die Bibel verspricht dem Gottlosen keinen Frieden.«

Der einheimische Leiter der »Fürbitter für Uganda«* sprach vor den 2000 Konferenzteilnehmern von »Explo 85«.

»In der Bibel waren Gottes Kinder oft in Not. Manchmal war es ein militärischer Angriff, andere Male ein Bürgerkrieg, dann Naturkatastrophen, mit denen sie konfrontiert wurden. Wie haben sich ihre Führer in diesen Krisen verhalten? Kein einziges Mal haben sie um Frieden gebetet. Statt dessen wurde jeder aufgerufen, sich vor Gott zu demütigen, seine Sünden zu bekennen und sich von seinen gottlosen Wegen abzuwenden.

Was wir brauchen, ist eine nationale Buße! Ist euch bewußt, was wir getan haben?

Wir haben getötet und gemordet. Wie das Blut Abels (1. Mose 4,10), so schreit das Blut von über 800000 Menschen zu Gott, die wir im Laufe der letzten 20 Jahre drangsaliert und hingerichtet haben.

Wir haben die Inder und Angehörige anderer Nationalitäten aus unserem Land vertrieben und ihr Eigentum an uns gerissen – ohne irgendeinen Schadenersatz zu leisten.

Wir haben Geschäfte und Wohnhäuser ausgeraubt und uns mit Lügen verteidigt. Statt ›bewaffneter Raubüberfall‹ nennen wir das ›Plünderung‹.

Wir ernten, was wir gesät haben, wenn Banden bewaffneter Diebe nachts unsere Dörfer überfallen.

Wir haben geschmuggelt, andere übervorteilt, bestochen und betrogen, ›Obuyaaye‹ (Schieberei) hat seinen Ursprung in Uganda!

Wir haben uns auf Unmoral und Prostitution eingelassen. Die sogenannten ›Herbergen‹ haben in allen Städten Einzug gehalten und nichts anderes als Prostitution verbreitet.

Wir haben Götzen gedient und Zauberei praktiziert.

Unser Sündenregister ist endlos: Stammesfeindlichkeiten, Haß, Neid, Stolz, Angeberei, Homosexualität, Vergewaltigung, Polygamie, Fälschungen, ungesetzliche Straßensperren, Drogenhandel, der Gebrauch obszöner Sprache ...«

2000 Konferenzteilnehmer folgten seinem Aufruf zur Buße, bekannten sich vor Gott zur Schuld ihrer Nation und stützten sich auf die Verheißung in 2. Chronik 7,14:

»... wenn dann mein Volk, über das mein Name genannt ist, sich demütigt, daß sie beten und mein Angesicht suchen und sich von ihren bösen Wegen bekehren, so will ich vom Himmel her hören und ihre Sünde vergelten und ihr Land heilen.«

Bevor es zu dieser Heilung kommen sollte, lag freilich noch ein neues finsteres Tal vor uns.

»Heftige Kämpfe um Kampala!«

Es war Sonntagnachmittag, der 19. Januar 1986. Lynne und ich sonnten uns in einem Schwimmbad in dem freundlichen kenianischen Städtchen Eldoret. Wir hatten einen gemeinsamen Urlaub am Indischen Ozean verbracht. Nun hatte uns auf der Rückreise eine Autopanne in Eldoret festgehalten. Wir mußten dort übernachten – glücklicherweise gab es ein preiswertes Gästehaus einer Pfingstgemeinde, so daß unsere schmalen Geldbörsen nicht allzusehr strapaziert wurden. Aber spätestens am Montagmittag wollten wir unsere Reise fortsetzen und am Dienstag wieder in Kampala eintreffen.

»Hast du gelesen?« Lynne deutete plötzlich auf die Schlagzeile einer kenianischen Zeitung.

»Heftige Kämpfe um Kampala – Tausende suchen Zuflucht in Kirchen!«

Erst hatten wir tagtäglich mit der Eroberung Kampalas gerechnet. Als aber längere Zeit alles ruhig blieb, hatten wir unsere Vorgesetzten bewogen, Lynne im Mengo-Spital zu belassen. Sie sollte mich unterstützen, bis Masaka wieder zugänglich war – wann immer das sein mochte.

Beunruhigt kauften wir die Zeitung. Handelte es sich um eine Übertreibung der kenianischen Presse, oder war der Schreckensbericht ernstzunehmen? Der Artikel erwähnte schwere Kämpfe in Natete. Natete war nur vier Kilometer vom Mengo-Krankenhaus entfernt! Unsere Unruhe wuchs. Wir riefen in unserer Zentrale in Nairobi an. Sie wußten nicht mehr als wir. Ihr Rat hieß: »Warten!«

Am nächsten Morgen klangen die Zeitungsmeldungen um nichts hoffnungsvoller. Kämpfe, Gefechte, Ströme von Flüchtlingen, Terror und Panik von Masaka bis nach Kampala! Wieder wählte ich die Nummer unserer Mission in Nairobi. Diesmal hieß die Antwort: »Fahren!«

Ich schluckte meinen Stolz hinunter, gab mir einen Ruck und bekannte: «Ich habe Angst!«

»Dann solltet ihr nicht fahren!«

War ich mit diesem Zugeständnis zufrieden? Nein, auch nicht. Ich fühlte mich hin und her gezogen zwischen zwei einander völlig widersprechenden Wünschen: An dem Ort auszuhalten, an den Gott mich gestellt hatte – und zu fliehen, blindlings zu fliehen vor diesem Krieg, vor den Schrecken, die ich mir nicht ausmalen wollte.

Schließlich vereinbarten wir, daß wir im Laufe des Tages zurückrufen würden, um unseren endgültigen Entschluß mitzuteilen.

In meinem tiefsten Innern suchte ich nach einer Möglichkeit, die Entscheidung abzuwälzen – auf eine höhere Instanz, von der ich mir eine eindeutige glasklare Auskunft erhoffte.

Zuletzt rief ich das Mengo-Krankenhaus an. Frau Thompson am anderen Ende der Leitung ging auf meine erregten Fragen nach der Situation im Kriegsgebiet überhaupt nicht ein. Statt dessen vernahm ich ihren Zuruf durch das Telefon: »Der Herr ist deine Zuflucht!«

Etwas beschämt legte ich auf. Es ließ sich nicht vermeiden: Wir selbst mußten die Entscheidung treffen.

Wir beteten darum, daß wir die Lage realistisch einschätzten und die richtigen Schritte unternehmen würden. Danach schlug Lynne vor, unsere Rückkehr von der rechtzeitigen Beendigung unserer Autoreparatur abhängig zu machen.

Inzwischen beschäftigte ich mich in Gedanken mit einer Idee, die mich bereits auf dem Weg nach Eldoret fasziniert hatte: Die Durchführung einer Bibelfreizeit für ugandische Frauen aus meiner nächsten Umgebung. Im Kopf ging ich immer wieder die einzelnen Punkte meiner Vorstellungen durch. Thema: Wie überlebe ich im Uganda von heute? Redner: Der Leiter der »Fürbitter für Uganda«. Finanzierung: bereits gedeckt mit unerwarteten Spenden aus Deutschland.

»Keine Zeit für Luftschlösser!« wies ich mich selbst zurecht. Aber: Waren das Luftschlösser? War das nicht ein Auftrag? Doch ich hatte wahrhaftig andere Sorgen: Eine konkrete Entscheidung mußte getroffen, ein konkreter Schritt mußte getan werden. Plötzlich verstand ich, wie die beiden Dinge zusammenhingen, meine »Luftschlösser« und meine aktuelle Situation. Gottes Auftrag verlangte nach Ausführung – unabhänigg von der Situation. Also mußte unsere Entscheidung lauten: Weiterfahren!

Als Bestätigung erwartete ich die Erfüllung von Lynnes Bedingung: die Fertigstellung der Autoreparatur.

Und tatsächlich: Punkt 13 Uhr war sie beendet – eine höchst ungewöhnliche Pünktlichkeit in diesem Teil der Welt! Wir benachrichtigten unsere Leute in Nairobi und fuhren auf die Grenze zu. Jetzt, wo wir eine Entscheidung getroffen hatten, fühlten wir uns ganz ruhig und gelassen.

Am Grenzübergang Kenia – Uganda herrschte verdächtige Ruhe. Die übliche Schlange wartender Lastzüge mit Benzin und Hilfsgütern für Uganda und Zaire fehlte. Außer uns stand nur noch ein englischer Missionar zur Abfertigung an, der sich ebenfalls von den kenianischen Nachrichten zu einer schnellen Rückkehr nach Uganda hatte bewegen lassen. Die Beamten hatten an unseren Papieren nichts zu beanstanden; nicht einmal, um uns das übliche kleine Bestechungsgeld zu entlokken.

Wir hatten beschlossen, in Mbale zu übernachten, denn Nachtfahrten waren in Uganda in keiner Zeit ratsam gewesen, und jetzt, inmitten der Kriegswirren, schon gar nicht. Wo aber befand sich das Haus unserer Mission, in dem wir absteigen sollten? In afrikanischen Städten eine Adresse zu finden, ist schwieriger als man denken möchte, und bald stellten wir erschrocken fest: Die Wegbeschreibung, die man uns in Nairobi mitgegeben hatte, half uns nicht weiter. Was nun? Die lebensgefährliche Nachtfahrt wagen? Bei Einheimischen übernachten, die wir nicht kannten? Oder bewohnten nicht meist die anglikanischen Bischöfe ein größeres Haus mit Gästezimmern? Sollten wir nach dem Wohnsitz des Bischofs von Mbale fragen?

Wir saßen noch ratlos im Wagen – da sahen wir sie plötzlich! »Ute!« schrien wir beide zugleich. Tatsächlich! Sie war es! Unmittelbar vor uns bog unsere Freundin und Kollegin mit ihrem Geländewagen in den halsbrecherischen Kreisverkehr des Stadtzentrums von Mbale ein.

»Wir müssen sie unbedingt einholen. Sie kann uns sicher weiterhelfen!« schrie Lynne aufgeregt.

Ute hatte viele Freunde in Mbale. Hoch oben am Hang des Elgon-Gebirges betreute sie eine kleine Krankenstation ihrer Missionsgesellschaft.

Lynne gab Gas. Der Motor heulte auf – aber schon wurden wir eingequetscht zwischen einem schrottreifen Motorrad und einem Kombibus mit hoch aufgetürmter Ladung. Eine Lücke! Wir waren draußen – da drängten sich Markthändler mit ihren vollen Schubkarren genau zwischen uns und den Wagen, den wir verfolgten! Eingeholt hätten wir Ute in all dem Gewühl von Autos und Menschen wohl nie, hätte sie nicht angehalten, um ihren Beifahrer aussteigen zu lassen. Das rettete uns.

Wir hatten nicht viel Zeit, unserer Wiedersehensfreude Ausdruck zu verleihen – Ute hatte noch einen langen Weg in die Berge vor sich und mußte sich beeilen. Sie führte uns eilig in unsere Bleibe, rief uns im Telegrammstil die jüngsten Informationen über den Vormarsch der NRA zu und startete schon wieder ihren Suzuki, um vor Einbruch der Dunkelheit noch ihr Dorf zu erreichen.

Unterwegs in den Krieg

Die Nacht verlief ruhig. Aber am Morgen erwartete mich eine Katastrophe.

Lynne wälzte sich stöhnend in ihrem Bett hin und her. »Elisabeth, ich kann unmöglich aufstehen. Mir ist hundeelend. Laß mich wenigstens noch zwei Stunden liegen.«

Ich stand reisefertig an ihrem Bett, völlig verunsichert, was ich nun tun sollte. Was Ute uns am Vorabend an Nachrichten mitgeteilt hatte, hatte mich erneut in Unruhe versetzt. Ich brannte darauf, unsere Reise so schnell wie möglich fortzusetzen. Beim Anblick meiner käsebleichen und offensichtlich kranken Freundin geriet ich in Panik.

»Lynne«, rief ich, »wir können uns keine Verzögerungen leisten! Der Krieg kommt auch nach Mbale. Wer könnte uns hier helfen? Wir kennen niemand in diesem Ort. Wir würden nicht einmal Utes Buhugu* finden. Ich flehe dich an, reiß dich zusammen! Steh auf!«

Lynne ächzte nur. Die unerklärliche Übelkeit übermannte sie aufs neue. Was in aller Welt war los mit ihr? Wir hatten dieselben Speisen gegessen, und ich fühlte mich kerngesund. Hatte sie ein Insekt gestochen? Hatte sie sich irgendwo infiziert? Gestern abend war sie noch bei bester Gesundheit gewesen!

Ich betete verzweifelt, aber schließlich mußte ich mein Vorhaben aufgeben, in wenigen Stunden im Mengo-Krankenhaus einzutreffen. Deprimiert und sorgenvoll setzte ich mich an ihr Bett, nachdem ich für uns beide Tee zubereitet hatte. Ich konnte nichts weiter tun, als warten, ob es ihr besser ginge. Den Gedanken, was ich tun wollte, wenn die Krankheit anhielt oder sich gar verschlimmerte, schob ich beiseite.

Es war kurz nach neun Uhr, als Lynne sich ein wenig wohler fühlte. Matt und zittrig kroch sie aus dem Bett und zog sich an. »Ich glaube, wir können es wagen!« Ich atmete auf!

Auf den Straßen waren nur sehr wenige Autos zu sehen. Nirgends stießen wir auf Hindernisse – wir kamen flott voran. »Um 14.30 Uhr müßten wir in Kampala sein«, kalkulierte ich im Stillen. Aber kaum eine Stunde später hielt Lynne abrupt den Wagen an, stieß die Wagentüre auf und ließ sich stöhnend in das Gras am Straßenrand fallen. Sie sah jämmerlich aus, wie sie zitternd da lag, die Stirn von dicken Schweißtropfen bedeckt. Ich sah mich angstvoll nach Hilfe um. Eine kleine Tankstelle war der einzige Hinweis auf menschliche Zivilisation in unserer Nähe. Ich rannte hin, aber die beiden Tankwarte hatten keine Ahnung, wo wir hier in der Einöde einen Arzt oder eine Krankenschwester finden könnten. Hoffnungslos!

»Was will Gott uns nur sagen? Sollen wir nicht nach Kampala? Aber wohin denn sonst?« Ich war so ratlos, daß ich nicht einmal ein Gebet formulieren konnte – weil ich einfach nicht wußte, worum ich bitten sollte.

Nach einer Stunde des Wartens wagte ich einen Vorstoß bei Lynne. Ich drängte sanft: »Lynne, wir müssen weiter. Es gibt hier keine Hilfe für dich. Laß mich ans Steuer.«

Zu meiner Überraschung willigte sie ein. Wir fuhren ungehindert bis Jjinja, der drittgrößten Stadt des Landes, 80 Kilometer vor Kampala. Dort gab es ein kleines Spital, wo ich um Hilfe für Lynne ansuchen wollte. Doch fühlte sie sich allmählich wohler – die Schweißausbrüche und Krämpfe ließen nach. Sie war nur sehr durstig. So hielt ich vor einem der Läden.

Plötzlich rief mir der Verkäufer, der mich soeben noch freundlich begrüßt hatte, angsterfüllt zu:

»Madam, Sie können Ihr Auto unmöglich dort stehenlassen!«

Ich drehte mich um: Die Menschen auf der staubigen Straße rannten. Einige schrien. Zum Auto zurückzukehren, erschien mir gefährlich. Ich winkte Lynne aufgeregt herbei, und ehe wir's uns versahen, hockten wir zu dritt hinter dem Ladentisch.

Hinter den staubigen Brettern verschanzt hörten wir wilde Schreie und vereinzelte Schüsse. Motorenlärm brauste vorbei. Wir saßen eingeklemmt in dem schmalen Raum zwischen dem Ladentisch und den hohen Regalen voll Allzweckseifen, Insektenpulver und Limonadendosen und versuchten verschreckt, uns ein Bild davon zu machen, was auf der Straße vorging. Draußen quietschten Bremsen. Menschen schrien hysterisch. In Gedanken sah ich unser Auto, unseren kostbarsten Besitz, als glühenden Feuerball in die Luft fliegen oder von einem Panzer an die Mauer gequetscht werden. Aber plötzlich war alles ruhig, und als ich hinausspähte, fand ich die Straßen menschenleer und sah unser Auto unbeschädigt an seinem Ort stehen.

Der Verkäufer erholte sich als erster von seinem Schrecken. »Ah, es ist alles vorbei!« strahlte er uns an, während er aus seinem Versteck kroch und sich die Staubflocken von den Knien klopfte. »Wir haben Glück gehabt!«

»Was war denn los?« wollte ich wissen.

Ich erhielt keine Antwort. Er konnte – oder wollte – es mir nicht sagen.

Als wir mit unseren Coca-Cola-Flaschen in den Händen das Geschäft verließen, lag die Straße so still und friedlich im Sonnenschein, daß uns der Wirbel wie ein böser Traum erschien.

Die Straße erstreckte sich endlos vor uns, ein gleichförmiges graues Asphaltband, das sich durch die üppige Landschaft mit saftig grünen Teefeldern zog. Plötzlich tauchten in dieser Einsamkeit ein Auto und eine menschliche Gestalt am Straßenrand auf.

»Was macht denn der da?« rief ich verdutzt.

Ich mußte scharf bremsen. Seit Stunden waren wir nahezu die einzigen Verkehrsteilnehmer in unserer Fahrtrichtung gewesen. Aber jetzt stand vor uns auf der Landstraße ein Personenkraftwagen, dessen Kennzeichen von dem Fahrer hastig mit nasser Erde beschmiert wurde.

»Sicherlich gestohlen«, mutmaßten wir. Das schlammbedeckte Vehikel überholte uns kurz darauf. Der Fahrer war kaum sichtbar.

»Der lenkt ja im Liegen!« rief Lynne aus. »Was soll denn das?!«

Ihre Frage blieb genauso unbeantwortet wie die nächste:

»Was hat das zu bedeuten?«

Aus dem Hitzeschleier vor uns tauchte eine nicht endenwollende Kolonne von Lastwagen auf, die uns entgegenkamen. Die Mehrzahl waren eindeutig Militärkraftwagen. Einige Zivilfahrzeuge mit Aufschriften wie »Nilbrauerei« – offenkundig vom Militär beschlagnahmt – nahmen sich dazwischen seltsam aus mit ihrer Fracht: Auch sie waren zum Bersten voll mit bewaffneten Soldaten.

»Weißt du was? Vielleicht haben die Rebellen heute nacht die Macht ergriffen und Okellos Soldaten in die Flucht geschlagen«, versuchte ich zu scherzen – ohne zu erahnen, wie nahe ich der Wahrheit kam!

»Dazu führen sie sich viel zu diszipliniert auf, wenn man davon absieht, daß einige Autos offensichtlich gestohlen sind«, konterte Lynne. »Die beachten uns ja gar nicht. Dabei läßt sich leicht erkennen, wie vollbeladen mit Gütern unser bescheidener R 4 ist. Wären es fliehende Soldaten, hätten sie uns schon längst bis auf den letzten Hosenknopf ausgeplündert.«

Bei jedem weiteren Soldatengefährt stockte uns vorübergehend der Atem: Würden sie sich jetzt von ihrer schlimmsten Seite zeigen, sich auf uns stürzen und uns ausplündern? Nichts dergleichen geschah. Wir schienen Luft zu sein für sie.

Je näher wir der Hauptstadt kamen, desto nervöser verhielten sich die diensttuenden Soldaten an den offiziellen Straßenkontrollpunkten. Einmal entrissen sie uns die Pässe, warfen sie im nächsten Augenblick hastig zurück und jagten uns geradezu davon.

35 Kilometer vor Kampala hielt uns ein Mercedesfahrer an, ein Zivilist. »Wie sieht es auf Ihrer Seite aus?«

Wir berichteten ihm.

»Aber was tut sich auf Ihrer Seite? Wie sieht es in Kampala aus?«

»Um die Mittagszeit hat die NRA Kampala betreten. Die Soldaten haben am Stadtrand Häuser geplündert, Autos gestohlen und Frauen belästigt ... sie sind weitergezogen, wohin, weiß ich zur Zeit nicht.«

Wir verabschiedeten uns und fuhren weiter, niedergedrückt von den Schreckensmeldungen, die wir gehört hatten.

»Verstehst du das?« Lynne gewann als erste ihre Fassung wieder. »Das müssen doch dieselben Soldaten sein, denen wir begegnet sind. Und wir hielten sie für diszipliniert!«

Wenig später erschien eine Gestalt in Uniform am Straßenrand, schwankend wie eine Vogelscheuche im Sturm. Unwillkürlich bremste ich, als der Soldat energisch winkte.

»Was machst du da?« rief Lynne entsetzt. »Das ist keine Straßenkontrolle, sondern ein Anhalter! Und sturzbetrunken dazu!«

Lynnes Warnung kam zu spät. Ich hatte vor dem bewaffneten Mann schon angehalten. Die Wagentür wurde von außen aufgerissen. Eine betäubende Alkoholfahne schlug uns entgegen.

»Nach Kampala, nach Kampala!« lallte er, unbestimmt in die Richtung gestikulierend, in die wir fuhren.

Ich versuchte ihn höflich abzuwimmeln. »Wir haben beim besten Willen keinen Platz mehr. Sehen Sie das nicht?«

»Platz genug«, stammelte er. Noch baumelte das Gewehr nur über seine Schulter. Aber was würde geschehen, wenn er plötzlich zornig wurde?

»Nein, wirklich nicht, tut uns leid!«

Uns stand der Schweiß auf der Stirn. Da, endlich, ließ der Hartnäckige in einem unbedachten Moment die Wagentür los. Blitzschnell knallten wir sie zu und sausten davon. Meine Knie zitterten. Jeden Augenblick erwartete ich, eine Salve von Gewehrschüssen auf das Heck des R 4 prasseln zu hören! Nun war ich bereit, auf Lynnes Vorschlag einzugehen: 23 Kilometer vor Kampala befand sich in der Kleinstadt Mukono ein theologisches Seminar der Anglikanischen Kirche. Dort wollten wir uns über die aktuelle Lage informieren und Rat einholen, bevor wir die Weiterfahrt wagten.

»Sollten wir nicht lieber zuerst zu einem Arzt fahren, Lynne?«

Sie schüttelte den Kopf. »Nicht notwendig, glaube ich. Ich fühle mich eigentlich wieder ganz gut. Ich habe keine Ahnung, was mich heute morgen so umgeworfen hat ... jetzt ist es jedenfalls weg.«

Kriegszustand

Das Gelände des Bischof-Tucker-Colleges war überlaufen von Menschen, Jung und Alt, Theologiestudenten und ihren Lehrern. Überall standen sie in kleinen Grüppchen unter den Bäumen beisammen und unterhielten sich aufgeregt. Wir erkannten einige Explo-Teilnehmer unter ihnen.

Die Begrüßung war nicht dazu angetan, uns zu ermutigen. Sie riefen uns die schlimmen Nachrichten schon von weitem entgegen. »Die NRA hat der Regierung heute offiziell den Krieg erklärt! In Kampala herrschen haarsträubende Zustände. Alle öffentlichen Verkehrsmittel haben ihre Fahrten in die Hauptstadt eingestellt.«

Einige Studenten brachten uns in das Haus ihres englischen Dozenten. Auf Schleichwegen war er soeben aus Kampala zurückgekehrt. Was er dort gesehen hatte, entmutigte uns noch mehr.

»Die fliehenden Soldaten Okellos plündern und morden hemmungslos! Und jeden Augenblick kann die große Schlacht losgehen! Bleibt hier!« riet er uns.

Mittlerweile war es 16 Uhr, Zeit für die BBC-Nachrichten. Uganda wurde an erster Stelle der Mitteilungen erwähnt. Was für uns Leben oder Tod bedeuten konnte, trug der Sprecher mit kühler Sachlichkeit vor:

»Um die Mittagszeit betraten Guerillas der Nationalen Widerstandsarmee die ugandische Hauptstadt Kampala. Soldaten der Regierung Tito Okellos flohen scharenweise in Richtung Osten, nicht ohne zuvor am Stadtrand Menschen in Angst und Schrecken versetzt zu haben. Ein Kommandant in Jjinja soll sie empfangen und entwaffnet haben.«

Es fiel uns nach solchen Meldungen nicht mehr schwer, auf unseren englischen Ratgeber zu hören. Eine halbe Stunde später bezogen wir das Gästezimmer von Familie Hunter aus England. Herr Hunter unterrichtete seit Jahren am Bischof-Tucker-College. Wir waren dankbar für die – mindestens momentan noch – sichere Unterkunft und die Aussicht, die bangen Stunden in Gesellschaft vertrauenswürdiger Leidensgenossen verbringen zu dürfen! Ich wage nicht daran zu denken, wie der Tag verlaufen wäre, hätte es kein Bischof-Tucker-College gegeben!

Als wir beim Tee zusammensaßen, kam das Gespräch auf das merkwürdigste Ereignis des Tages.

»Ohne meine rätselhafte Erkrankung wären wir möglicherweise den plündernden und brandstiftenden Horden am Rande Kampalas direkt in die Arme gelaufen. Meinst du nicht auch?«

Lynne, seit Stunden wieder kerngesund ohne jegliche Hilfe von Medikamenten oder anderen medizinischen Maßnahmen, blickte mich herausfordernd an.

»Du magst recht haben«, pflichtete ich ihr bei.

Tatsächlich haben wir nie herausgefunden, woran sie damals eigentlich erkrankt war. Das Leiden, das so beunruhigend heftig begonnen hatte, verschwand spurlos, sobald – soll ich sagen: sobald es seinen Zweck erfüllt hatte, uns vor dem Chaos in Kampala zu bewahren?

Aber bald bemächtigte sich meiner neue Unruhe:

Waren wir hier auf die Dauer sicher? Ein College war doch keine Festung. Warum sollten die plündernden Soldaten ausgerechnet unseren Aufenthaltsort verschonen?

Doch uns geschah kein Leid: Gleich nach Bekanntwerden des Kriegszustandes hatte sich eine andere Guerillagruppe bei Mukono mit der NRA verbündet. Sie setzte sich nun für die Verteidigung des Städtchens ein und überwachte den Durchzug der Vertriebenen. Aus dem Schutz einer Anhöhe heraus beobachteten wir das traurige Schauspiel: Zu Fuß wanderten sie einher, die Männer voran, die Frauen hinterher, auf ihrem Kopf das Gepäck, auf dem Rücken das Jüngste und an den

Händen die älteren Kinder. Eine schwangere Frau schleppte sich mühsam dahin, bis sie vor Erschöpfung auf einem Stein zusammenbrach. Keiner drehte sich nach ihr um. Immer wieder knallten Warnschüsse der Guerillas. Die Flüchtlinge sollten es nicht wagen, die schmale Straße zu verlassen.

Am Abend des 25. Januar meldete BBC die Übergabe der Hauptstadt an die Rebellen der Nationalen Widerstandsarmee.

Am Sonntag, dem 26. Januar, lauschten wir gebannt der ersten Rundfunkansprache des neuen Machthabers, Yoweri Museveni.

Am 27. Januar nahmen einige öffentliche Verkehrsmittel ihre Fahrten in die Hauptstadt wieder auf.

Am Dienstag, dem 28. Januar, brachen auch Lynne und ich zur letzten Etappe unserer abenteuerlichen Reise auf.

»Tukutendereza! Preist den Herrn!«

Unser erster Besuch in Kampala galt dem Büro unserer Mission. Wir fanden es unbeschädigt, obwohl sich unweit davon grausame Szenen abgespielt hatten. Wir meldeten uns zurück und wurden mit stürmischer Freude empfangen.

Auch im Mengo-Krankenhaus herrschte eine Atmosphäre der Begeisterung, als wir so wohlbehalten zurückkehrten. In mehreren Sprachen tönte uns Jubel entgegen: »Preist den Herrn!« – »Tukutendereza!«* – »Willkommen zurück vom Krieg!« Das ganze Spital widerhallte von Freudenschreien, Trommelklängen und lauten Lobgesängen über das Ende der Schreckensherrschaft und das Wiedersehen mit Vermißten und bereits Totgeglaubten.

»Die Straße nach Masaka, Mbarara und Fort Portal sowie die Straße nach Hoima ist frei!« jubelte es uns entgegen.

Lynne war überglücklich und begann sofort, Pläne für ihre Weiterreise zu schmieden.

Die nächsten Tage waren angefüllt mit intensiven Gesprächen mit meinen ugandischen Freunden. Freude und Schrecken, Jubel und Trauer mischten sich ineinander. Jeder hatte von erschütternden Erlebnissen zu berichten, aber auch von besonderen Erfahrungen der wunderbaren Hilfe Gottes:

»Am Freitag stand unser Spital vier Stunden lang im Zentrum des Kampfgeschehens. Die Kugeln flogen wie Hagel, wir hörten sie gegen Dächer und Wände prasseln. Patienten und Schwestern lagen unter den Betten in Deckung, etliche liefen in heller Panik davon. Nur Dr. Thompson und seine Frau gingen von Station zu Station und sprachen uns Mut zu.«

»Einige der NRA-Guerillas waren Frauen, manche waren Jungen ab acht Jahren. Eine Frau kämpfte mit ihrem Baby auf dem Rücken; sie trug es in einem Tuch, während ihre Hände das Gewehr abfeuerten!«

»Ich lag während der Schießerei unter dem Bettgestell. Als ich mich wieder hervorwagte, fand ich eine Gewehrpatrone unter meinem Kopfkissen. Wäre ich im Bett liegengeblieben, die Kugel wäre mir durch den Kopf gedrungen!«

»2000 Flüchtlinge suchten Zuflucht innerhalb unserer Tore. Auch Soldaten waren darunter. Dr. Thompson und Dr. Brownlie entwaffneten sie am Eingangstor. Alle hatten Hunger, alle waren erschöpft. Sie hatten keinerlei Proviant bei sich. Wir schafften für sie herbei, was wir nur an Essen entbehren konnte. Gott half uns: Am Tag vor dem ersten Flüchtlingsstrom war ein Container mit Haferflocken, Milchpulver und Zucker aus Deutschland angekommen. Wie der überhaupt noch über die Grenze kam, ist uns schleierhaft. Vier Tage lang wurden etwa 3000 Menschen davon ernährt. Dann war der Vorrat zu Ende, aber der Krieg auch!«

»Einige von uns haben gefastet und gebetet, als die Gefahr sichtbar wurde. Das war am 19. Januar.«

Neben der Freude über die zahlreichen wunderbaren Bewahrungen konnte ich den Erzählungen meiner Freundinnen die Schrecken der vergangenen Tage noch lebhaft nachfühlen. Ganz besonders erschütterte mich Marians Bericht:

Sie wohnte im Stadtzentrum, in unmittelbarer Nähe der heiß umkämpften Regierungsgebäude. Zwei Tage lang hatten sie und ihr Mann unter einem Berg von Matratzen in ihrer Küche in Deckung gelegen und sich kaum hervorgewagt, um einen Schluck Wasser zu trinken oder einen Bissen zu essen. Über 100 Kugeln waren auf das Haus niedergeprasselt. Manche hatten den Matratzenberg nur um Haaresbreite verfehlt. »Wir hörten sie krachend in die Wände einschlagen. Die Küchenfenster waren völlig zerschossen, Glassplitter regneten auf unsere Matratzen herab. Wir hatten kaum noch Hoffnung, dort jemals lebend herauszukommen.«

Frau Robinah Kalega, die damals Lehrschwester an Mengos Krankenpflegeschule war, hatte ihre Erlebnisse schriftlich festgehalten. Hier sind die Auszüge aus ihrem Tagebuch:

Freitag, 17.1.86:
Abends hörten wir den Lärm einer Bombardierung. Die Bevölkerung von Nansana, Ganda, Natete und Busega verließ in Scharen ihre Siedlungen.*

Samstag, 18.1.86:
Immer mehr Menschen aus den Dörfern fliehen in die Stadt, einige nach Rubaga. Der katholische Kardinal dort soll den Flüchtlingen gegenüber besonders hilfsbereit sein. Andere Vertriebene suchten Zuflucht in unserem Mengo-Krankenhaus, der Kirche von Natete und dem Gemeindehaus bei unserer Namirembe-Kathedrale.

Flugzeuge der Regierung bombardierten die Orte, in denen sie Guerillas vermuteten. Wir konnten den Rauch sehen. Die Armee beschoß Busega, Natete und die Sumpfgegend um Lubigi.

Bischöfe der Anglikanischen Kirche sprachen beim Präsidenten vor und drückten ihre tiefe Besorgnis aus um das Wohl unschuldiger Bürger.

Heute trafen Flüchtlinge mit all ihren Habseligkeiten in unserem Haus ein.

Sonntag, 19.1.86:
Am Vormittag war es ruhig und wir meinten, daß sich die Lage wieder beruhigen würde. Ich machte mich auf den Weg, um an einem Frauentreffen teilzunehmen. Im Schatten eines großen Baumes stieß ich auf eine erregte Gruppe Menschen. Sie nahmen keine Notiz von mir und erwiderten meinen Gruß nicht. Was dort los war, fand ich nicht heraus.

Am Nachmittag hörten wir wieder das Geräusch fallender Granaten und Artilleriefeuer. Weitere Flüchtlinge strömten nach Mengo. Ministerpräsident Waligo sprach zu den Flüchtlingen, die in der Rubaga- und Namirembe-Kathedrale ein Notquartier gefunden hatten. Er versicherte ihnen, daß alles Menschenmögliche getan würde, um die Lage unter Kontrolle zu bekommen.

Montag, 20.1.86:

Der Ministerpräsident, der Verteidigungsminister, der katholische Kardinal und Bischof Kauma fuhren nach Natete und forderten die fliehende Bevölkerung auf, in ihre Häuser zurückzugehen. Alles zu ihrem Schutz Notwendige würde getan werden. Der Leiter unserer Krankenpflegeschule, Herr Mwanga, befand sich in der Volksmenge. Von ihm wissen wir, daß niemand die Anweisungen beachtet hatte, und daß die Menschen genau dort blieben, wo sie gerade waren. Sie sind nicht mehr bereit, irgend jemand Glauben zu schenken. Schreckensherrschaft und Krieg haben ihnen jedes Vertrauen genommen.

Von Zeit zu Zeit konnten wir wieder das dumpfe Dröhnen von Granaten vernehmen.

Regierungssoldaten fingen an, Bürger zu terrorisieren, Läden auszurauben und Frauen zu vergewaltigen. Wo immer sie auftauchten, zerstreute sich die Bevölkerung sofort in alle Winde.

Eine weitere Flüchtlingsschar drängte sich in unser Haus.

Mittwoch, 22.1.86:

Wir entschlossen uns zu einem Glaubensschritt und fuhren mit den mündlichen und praktischen Examina der Krankenpflegeschülerinnen fort, die für diese Tage angesetzt waren.

Zum Mittagessen ging ich nach Hause, wo bald darauf mein Mann mit der Hiobsbotschaft eintraf: Der VW-Bus seiner Hilfsorganisation war an einem Straßenkontrollpunkt gestohlen worden. Was nun? Wir riefen im Verteidigungsministerium an, wo eine Freundin von mir arbeitete. Sie be-

schrieb die schlimmen Zustände dort: Viele Beamte waren weggelaufen, andere wurden in ihren Büros eingeschlossen. Sie konnte nur wenig für uns tun, aber sie notierte immerhin unsere Autonummer.

Ziemlich nervös begab ich mich wieder an die Arbeit. Die Prüflinge fand ich erstaunlich ruhig vor, so daß ich die Examina fortsetzte.

An diesem Tag soll Natete befreit worden sein.

Donnerstag, 23.1.86:

Die Bombardierungen gingen weiter.

Praktische Prüfungen für die Hebammenschülerinnen: Wir holten uns Gebärende von den Stationen und aus der Nachbarschaft. Die ambulant betreuten Schwangeren waren uns davongelaufen.

Die Stadt wimmelte von Soldaten. Wir erfuhren, daß der gestohlene VW-Bus in Nakulabye gesehen worden war, voll mit Soldaten. Mein Mann versuchte, ihn ausfindig zu machen, aber bald wurde es auf den Straßen der Stadt viel zu gefährlich. So kehrte er an seinen Schreibtisch innerhalb des wohlumzäunten Mengo-Krankenhauses zurück.

Am Abend vernahmen wir heftige Schießereien.

An diesem Tag soll Rubaga eingenommen worden sein.

Freitag, 24.1.86:

Am frühen Morgen schreckte uns der Knall einer Explosion aus dem Schlaf. Mein Herz schlug bis zum Hals. Anstelle meiner Schwesterntracht zog ich versehentlich ein Hauskleid an! Ich wußte kaum noch, was ich tat. Schließlich entschloß ich mich, doch zu unterrichten. Nur zwei Kollegen waren außer mir zum Dienst erschienen. Eine Kollegin hatte sich nicht aus ihrem Haus gewagt, genauso wenig wie die beiden Stationsschwestern, die uns heute zur Seite stehen sollten.

Unsere Teepause hielten wir wie üblich – allerdings dieses Mal mit einem Gast: meinem Mann.

Um 10.30 Uhr flog plötzlich die Tür des Lehrerzimmers auf. Herr Mwanga stürmte herein, warf sich auf den Boden und schrie uns zu, wir sollten sofort dasselbe tun. Das Mädchen, das bei ihm war, kroch zu uns unter den Tisch. Da ging auch schon der Gefechtslärm los! Es war schrecklich. Die Geschosse flogen durch die Luft, als spielte sich die Schlacht auf dem Krankenhausgelände selbst ab. Bis 16 Uhr verbargen wir uns in dem Versteck unter dem Tisch und verfolgten die BBC-Nachrichten, während der Kampf weitertobte.

Mitten im heißesten Gefecht entstand Panik im Schwesternwohnheim:

»Eure Ausweise! Kommt alle raus mit euren Ausweisen!« schrie eine schrille Stimme und stiftete Chaos und Verwirrung unter den Kolleginnen, die wild durcheinander schreiend ins Freie stürzten:

»Wir müssen sterben!« – »Wir müssen weg!« – »Wohin sollen wir gehen?« hörte ich sie aufgeregt durcheinander rufen. Eine von ihnen stürzte ins Lehrerzimmer, und als sie uns dort flach auf dem Fußboden liegen sah, gesellte sie sich sofort zu uns. Der Schock stand ihr ins Gesicht geschrieben.

Allmählich wagten wir wieder, in den kurzen Kampfpausen vorsichtig da und dort aus einem Fenster zu spähen. Plötzlich tauchte ein Panzer hinter unserem Zaun auf. Wie das Trommeln schwerer Regentropfen auf unseren Wellblechdächern klangen seine fast pausenlos fliegenden Geschosse.

Wir erspähten Soldaten, die ihre Uniform abgeworfen hatten und in der Unterwäsche davonliefen.

*Bald darauf wurden erstmals NRA-Kämpfer innerhalb der Umzäunung des Mengo-Krankenhauses erblickt. Als Erkennungsmerkmal waren sie an einem Arm unbekleidet. Sie sprachen hauptsächlich Luganda, die Muttersprache von uns Baganda.**

Etwa um 16 Uhr befand sich auch Mengo in ihren Händen.

Um 16.30 Uhr wollte ich nach Hause aufbrechen, aber die

Geschütze donnerten wieder so furchterregend, daß ich unterwegs den Mut verlor und umkehrte. Später versuchte ich es noch einmal und traf meinen Mann auf dem Parkplatz des Spitals, in der Nähe seines Büros. Zusammen setzten wir unseren Heimweg fort. Auf der Durchfahrtsstraße unweit unseres Hauses lag die Leiche eines etwa 16jährigen Jungen.

Erschöpft erreichten wir unser Haus. Es war voll von Gästen, die bei uns Zuflucht suchten. Sie begrüßten uns – kaum daß wir die Türe geöffnet hatten – mit der Nachricht, daß ein Teil der Eßzimmerdecke durch das Trommelfeuer eingestürzt war!

Am Abend fing das Munitionslager in der Nachbarschaft Feuer und verursachte eine gewaltige Explosion von Sprengkörpern und Granaten. Mehrere Menschen wurden getötet und verletzt.

In jener Nacht beherbergten wir etwa 30 Personen. Die meisten schliefen unter den Betten; erstens, weil wir keinen Platz für so viele Leute hatten und zweitens, weil es dort am sichersten war.

Samstag, 25.1.86:

Eine große Kanone wurde vor der Namirembe-Kathedrale auf der Spitze unseres Hügels aufgestellt. Überall waren NRA-Soldaten zu sehen.

An diesem Tag fiel der Rest unserer Hauptstadt Kampala in die Hände der NRA.

Eine »Friedensoase« im Kampfgebiet

Das Ehepaar Margaret und Laban Jjumba wohnte in einem anderen Stadtteil Kampalas. Ihre Erfahrung wurde für Frauen unserer Krankenhausgemeinschaft und meine Mitarbeiterinnen zu einer wertvollen Anregung. Auf jener Bibelfreizeit im April 1986, deren Ursprung so eng verknüpft war mit Lynnes und meiner abenteuerlichen Reise während des Krieges, erfuhren wir ihre Geschichte.

Sie berichteten: »Die Polizeidienststelle hatte eine dicke Akte über unseren Stadtteil Kansanga geführt. Hätte man Wert auf Vollständigkeit gelegt, so wäre sie sicherlich noch um ein Vielfaches umfangreicher gewesen!

Die Berichte sprachen Bände über Plünderungen, Diebstähle und Morde. Natürlich beteten wir täglich um das Ende von Furcht und Terror. Den Durchbruch erlebten wir aber erst, nachdem wir den Eindruck gewonnen hatten, daß wir unsere Gebete viel konkreter formulieren sollten. So zogen wir in Gedanken eine Grenze um die Gegend, die wir Gottes besonderem Schutz anbefehlen wollten: Sie verlief von Gaba über Muyenga und Kabalagala bis zum Tal von Makindye. Wir trugen Gott unsere geistigen Markierungen vor. Im Gebet riefen wir Seinen Sieg aus über das Treiben des Bösen innerhalb unserer Gemarkung.

Wie ihr wißt, war unter Tito Okellos kurzer Regierung die Hauptstadt in militärische Zonen aufgeteilt worden. Jede Rebellengruppe, die sich seiner Regierung anschloß, erhielt eine Zone zur Bewachung. Einige dieser Rebellen waren nichts anderes als Diebe und Mörder. Viele Menschen hatten unter ihrem Schutz mehr zu leiden als je zuvor.

Und wir in Kansanga? Der Herr bestätigte unsere Markierungen und fügte ihnen eine kleine Pufferzone hinzu: Das

Gebiet fiel als Ganzes einer disziplinierten Rebellengruppe zu, der unser Wohl am Herzen lag. Gleich zu Beginn des Krieges schlossen sie sich gewaltlos der NRA an. Während in anderen Stadtteilen erbitterte Kämpfe ausgetragen wurden, herrschte innerhalb ›unserer‹ Grenzen Ruhe und Frieden.

Viele Flüchtlinge fanden bei uns Zuflucht. Ihre Verwunderung über unsere ›Friedensoase‹ ging so weit, daß sie nicht mehr die Namen von Kansanga, Gaba, Muyenga oder Kabalagala in den Mund nahmen, sondern von ›Halb-London‹ redeten.

Was auch immer diese einfachen Leute auf den Gedanken gebracht haben mochte: London bedeutete für sie ein Leben in Ruhe und Ordnung. Auch nur die Hälfte davon zu erhaschen, war für sie ein unerwartetes Geschenk, das sie nicht vergessen wollten! Zur Belustigung mancher Europäer steht es seither sogar in großen leuchtenden Buchstaben über dem Eingang einer Bar in Kansanga: ›Halb-London‹!«

Nicht nur die Europäer, auch meine afrikanischen Schwestern schmunzelten belustigt über die etwas konfusen Gedankengänge ihrer Landsleute! Aber wir lernten doch etwas sehr Bedeutsames daraus: Geistliche Verantwortung zu übernehmen für den Lebensraum, in dem wir uns bewegten.

Segen in Fülle

Nach langen Schwierigkeiten und Mißerfolgen war es plötzlich, als ob die Verheißung des Propheten Maleachi* – obwohl in einen anderen Zusammenhang hineingesprochen – vor unseren Augen Gestalt annähme:

Des Himmels Fenster taten sich auf und Segen in Fülle strömte auf meine Arbeit nieder.

Im Frühjahr 1985 räumte die Krankenhausverwaltung ein bislang von obdachlosen Mitarbeitern bewohntes Haus und stellte es der Arbeit mit geistig behinderten Kindern zur Verfügung. Zugunsten unserer Arbeit erhielt das hoch verschuldete Spital unerwartete Spenden aus dem In- und Ausland: angefangen bei symbolischen Gaben des ugandischen Kultusministeriums und Finanzspritzen des örtlichen Rotary-Clubs bis hin zu Geldern von britischen Wohltätigkeitsorganisationen und der Deutschen Botschaft in Kampala, ganz zu schweigen von den vielen privaten Spenden aus Deutschland. Ein endgültiges Aufatmen ging durch die Reihen der Finanzbeauftragten des Spitals, als sich die Christoffel-Blindenmission bereit erklärte, unseren Jahresetat 1986 abzudecken und durchblicken ließ, daß wir jährlich neue Anträge zur Deckung unseres Haushaltes stellen konnten. Sofort bewilligte uns die Verwaltung daraufhin drei Planstellen zur Einstellung einheimischer Mitarbeiter.

Louise Rostron, Sozialarbeiterin, Frau eines englischen Missionars, und Una Brownlie vertraten mich während meines Heimaturlaubs, und nach meiner Rückkehr überraschten die beiden Frauen mich mit einem vielfältigen Unterrichtsangebot. Daraus erstellten wir später einen ausgefeilten Stundenplan für drei Parallelgruppen mit je sechs bis sieben Schülern.

Nach dem Ende der Kampfhandlungen in Kampala war unsere Schülerzahl schnell angestiegen. Der Tages- und Wochenablauf jeder Gruppe gestaltete sich bald aus einer bunten Mischung von Hand-, Haus- und Gartenarbeiten, Sport, Spiel, Musik und biblischer Geschichte, Einkäufen und Botengängen. Jeder Gruppe stand eine einheimische Mitarbeiterin vor. Sie anzuleiten und zu unterweisen gehörte zu meinen Aufgaben.

Mary war eine meiner ugandischen Mitarbeiterinnen. Eines Morgens begrüßte sie mich schmunzelnd mit der Frage:

»Wissen Sie, was sich die Leute dieser Tage über Peninna erzählen?«

Peninna unterstand Marys Betreuung und Anleitung.

»Man sagt, Peninna sei ein bißchen normal geworden!«

Mary hegte keinen Zweifel daran, daß der Kommentar unserer Beobachter als Kompliment zu werten war!

Peninnas bemerkenswertes Personengedächtnis hatte uns bewogen, sie zur bezahlten Botengängerin unserer Einrichtung auszubilden – ein wertvoller Dienst in einer weitläufigen Krankenhausanlage, deren Telefone manchmal ferne Kontinente erreichten, aber fast nie die nächste Umgebung! Peninna nahm ihre Aufgabe mit Hingabe wahr. Selbst ihre alte Streitsucht – ihr unangenehmster Zug – ließ durch ihr neu gewonnenes Selbstbewußtsein nach, so daß sie bald allseits beliebt war.

Ein anderes Problemkind war der 10jährige Alexander. Monatelang bemühten wir uns um ihn, bevor unsere Anstrengungen endlich belohnt wurden. Alexander verstand es, uns in Trab zu halten: Mal bekam er Schreiattacken, daß einem angst und bange werden konnte, mal lief er davon und war nur mühsam wieder aufzufinden. Das erreichte seinen Höhepunkt im Dezember 1986 bei unserer Weihnachtsfeier. In dieser öffentlichen Feierlichkeit sah er eine langgesuchte Gelegenheit, alle Frustrationen seines jungen Lebens aus sich herauszuschreien. Vor all den prominenten Gästen, die gekommen waren, gab er ein unstillbares Gebrüll von sich, bis wir alle am liebsten im Boden versunken wären! Was für eine öffentliche Blamage!

In mehreren Mitarbeitersitzungen im Anschluß an diese peinliche Szene versuchten wir, Alexanders Probleme zu lösen, aber immer wieder mußten wir unsere Niederlage eingestehen. Schließlich akzeptierten wir unsere Hilflosigkeit und baten Gott, die Angelegenheit zu übernehmen.

Die Antwort kam auf eine recht unerwartete Weise. Die erste Veränderung ereignete sich nicht in Alexander, sondern in mir! In entdeckte (zum ersten Mal) etwas in Alexander, das mir zuvor entgangen war: Er konnte ein sehr liebenswerter Junge sein!

Ich fing an, mit ihm herumzualbern und Spaß zu machen, und – zu jedermanns Verblüffung – er reagierte darauf!

Das Spiel interessierte nun auch die anderen Kinder. Plötzlich war Alexander von Freunden umgeben. Er hörte auf zu schreien und wegzulaufen und begann, fröhliche Lieder zu singen. Der nächste Ausdruck seiner neuen Lebensfreude war ein schallendes, oft wiederholtes »Preist den Herrn!«. Fast jede Situation schien ihm dafür geeignet zu sein. Gefragt nach der Bedeutung dieser Redewendung, erwiderte er spontan: »Jesus liebt mich sehr!«

Die nächste Weihnachtsfeier nahte. Wir alle wußten: Das wurde die härteste Probe für unseren »neuen« Alexander. Würde seine Veränderung Bestand haben? Oder würde er in sein altes Unwesen zurückfallen und uns neuerlich blamieren? Sollten wir es wagen und ihn wieder am Weihnachtsspiel teilnehmen lassen? Wir stimmten dafür, das Risiko einzugehen, setzten unser Vertrauen auf Gott und ließen Alexander als einen der Weisen aus dem Morgenland auftreten.

Schon während der Proben kam es jedoch zu unliebsamen Zwischenfällen. Bedrohliche Gewitterwolken ballten sich zusammen. Alexander war widerspenstig und reizbar. Gelegentlich brüllte er. Ich fand es an der Zeit für ein vorsichtiges Gespräch unter vier Augen.

Ich setzte mich zu ihm, als er in seinem Weiser-aus-dem-Morgenland-Kostüm von der Bühne zurückkehrte. »Alexander, wir wollen, daß dieses Spiel sehr schön wird, nicht wahr?«

Alexander nestelte an seinem Mantel und nahm seine prächtige Kopfbedeckung – ähnlich der eines Ölscheichs – ab, ohne mich im geringsten zu beachten. Er schien mich gar nicht gehört zu haben.

Ich versuchte es noch einmal: »Wenn wir uns alle nur noch ein bißchen mehr Mühe geben, dann wird es noch besser werden.«

Alexander ließ sich zur Andeutung eines leichten Nickens herab, während er sich setzte, die Arme vor der Brust gekreuzt.

In meinem liebenswürdigsten Ton fragte ich: »Weißt du, daß die Weisen aus dem Morgenland sehr stille Leute waren?«

Alexander hob zögernd den Kopf und warf mir aus seinen runden Augen einen schrägen Blick zu.

»Alexander, verstehst du?«

Alexander nickte langsam.

»Was habe ich gesagt?«

Alexander starrte mich so intensiv an, daß die Augen weiße Kreise in seinem schwarzen Gesicht waren. Dann polterte es aus ihm heraus: »Daß ich endlich meinen Mund halten soll!«

Und – gesagt, getan! Alexander bestand seine Prüfung: Er war ein überaus vornehmer, würdiger, schweigsamer Weiser aus dem Morgenland.

Preist den Herrn!

Nicht alle werden satt ...

Zuweilen war es ein Schock, der einen neuen Schritt in der Entwicklung unserer Arbeit einleitete. Ich denke nur an Jemmas Geschichte!

Die 13jährige war ein stilles, etwas verschlossenes Mädchen. Sie traf morgens meist sehr verspätet bei uns ein. Und wenn sie endlich am Ziel angelangt war, ging sie nicht in ihren Gruppenraum, sondern ließ sich auf eine Pritsche fallen und schlief sofort ein. Gelang es mir, sie wachzurütteln, dann klagte sie über Kopf- und Bauchschmerzen und Schwindel.

Robinah, ihre Gruppenleiterin, kam schließlich zu der Überzeugung, daß Jemmas geheimnisvolles Leiden schlicht und einfach Hunger hieß.

Ich erschrak heftig. »Meinen Sie, sie kommt hungrig in die Schule? In diesem fruchtbaren Land?«

Robinah zuckte mit den Schultern und murmelte: »Das wäre kein Einzelfall.«

»Meinen Sie, daß noch mehr unserer Schüler hungern?« drang ich in sie.

»Vielleicht nicht im selben Ausmaß, aber was glauben Sie wohl, was der Grund dafür sein könnte, daß unsere Schüler den Unterricht so unregelmäßig besuchen? Weil sie die langen Fußmärsche von ihren Häusern bis hierher auf leerem Magen nicht schaffen!«

Viele Fragen brannten mir auf der Zunge, und ich verlangte, mit Jemmas Verwandten zu sprechen. Ich mußte der Sache unbedingt auf den Grund gehen! Undenkbar, daß unsere Kinder in der Schule saßen und vor Hunger unfähig waren, zu lernen!

Robinah erklärte sich bereit, mit mir zusammen Jemma nach Hause zu begleiten – ich brauchte ja einen Dolmetscher für mein Gespräch. Man konnte nicht davon ausgehen, daß auch die einfache Landbevölkerung der Amtssprache Englisch mächtig war.

Jemmas Zuhause war nicht ungewöhnlich: Die Zementhütte mit dem rostigen, teilweise schon durchlöcherten Wellblechdach bestand aus einem einzigen Raum, der in der Mitte mit einem Vorhang abgeteilt war. Der Lehmfußboden war mit handgewebten Strohmatten bedeckt. Drei Erwachsene und fünf Kinder wohnten hier.

Hinter der Hütte erblickte ich ein paar Bananenstauden und kleine Erdnuß- und Kohlbeete.

Wir trafen die Großmutter vor der Hütte an: Sie zerstampfte eben Erdnüsse in einem hölzernen Mörser. Robinah führte das Gespräch mit der Großmutter in ihrer Stammessprache. Ich war froh darüber, daß ich auf diese Weise im Hintergrund blieb. Von den Sprachbarrieren einmal ganz abgesehen: Die alte Dame hätte es vermutlich nie gewagt, mir die unverhüllte Wahrheit zu sagen. Meine stumme Anwesenheit war wahrscheinlich schon störend genug, aber Robinah, die nicht autofahren konnte, hatte einen Chauffeur benötigt. Mir kam der Gedanke, daß Robinah den Führerschein machen und dann selbständig die Kontakte mit den Familien aufnehmen sollte, eine Aufgabe, für die sie offenkundig sehr begabt war.

Auf der Rückfahrt gab sie mir den Inhalt des Gesprächs wieder:

»Die Jjaja* sagte, daß Jemmas Eltern an einem anderen Ort leben, viel zu weit weg, um Jemma den Schulbesuch im Mengo-Hospital zu ermöglichen. Deshalb wohnt sie bei ihr, zusammen mit anderen Verwandten.«

Das war nichts Neues. Viele unserer Schüler waren aus demselben Grunde bei Verwandten untergebracht – oft auch, um ihnen mit kleinen oder größeren Diensten zur Hand zu gehen. Auch behinderte Kinder konnten Feuerholz sammeln, Lasten tragen, Erdnüsse stampfen und Kochbananen schälen.

Es gab viele »Maamas*« und »Taatas*« in ihrem Leben. Diese Namen waren kein Vorrecht der leiblichen Eltern.

Robinah fuhr fort: »Normalerweise reicht die Ernte ihrer kleinen Plantage aus, aber es wird viel gestohlen, wenn nicht sogar eine ganze Ernte zunichte gemacht wird. Sie kennen ja das ungeschriebene Gesetz der Rache bei uns. Dann fällt eben manchmal das Abendbrot aus.«

»Und was ist mit dem Frühstück?« wollte ich wissen.

Auf Robinahs Gesicht entdeckte ich eine Spur von Peinlichkeit. »Das Frühstück erhält sie ja bei uns«, erinnerte sie mich leise.

Jetzt begriff ich. »Meinen Sie unseren 11-Uhr-Tee? Diese Tasse Tee, oft auch noch trocken, wie ihr sagt, ohne Milch und Zucker?« rief ich entsetzt.

»Ja, den meine ich. Für die meisten von uns ist das das erste Mal am Tag, daß wir etwas zu essen bekommen.«

Ich war erschüttert. Hier mußte unbedingt etwas geschehen!

In der darauffolgenden Woche unternahm ich einen ausgedehnten Bittgang durch die internationalen Wohltätigkeitsorganisationen vor Ort. Der englische »Save the Children Fund« entließ mich mit einem großen Sack eiweißreicher Getreidemischung – besonders zusammengestellt für unterernährte Kinder – und der Zusicherung weiterer Lieferungen. Auch andere halfen. Aber es mußten dauerhaftere Lösungen gefunden werden als solche gelegentlichen Extrabissen!

Pläne für eine Erweiterung unseres Gartens schossen mir durch den Sinn, aber ich stieß hier sehr schnell an Grenzen: Mengo hatte kein freies Fleckchen Erde mehr. Alles war genutzt, überall wuchs schon etwas – als kleine Ergänzung zu den kargen Gehältern.

»Gehälter!« fuhr es mir durch den Kopf. Wie kamen eigentlich Mary, Robinah und Gerald damit zurecht? Reichte es bei ihnen aus? Robinah hatte eine kostenlose Unterkunft im Spital und »bezahlte« dafür mit zusätzlichen Aufgaben, die sie gewissenhaft ausführte. Aber Mary und Gerald? Außer gelegentlichen Sonderzuwendungen für gute Leistungen hatte ich bisher keinen Weg gefunden, ihr geringes Gehalt aufzubessern.

Als ich Gerald kurz darauf unter vier Augen sprechen konnte, fragte ich ihn kurzerhand aus. »Gerald, wie schlagen sich andere Leute durch? Sie wissen, daß die Verwaltung Sie genauso bezahlt wie das Pflegepersonal. Gemessen an den üblichen Gehältern in Uganda ist das gar nicht so schlecht.«

Ich war für die Gehälter nicht zuständig; aber wie konnte ich den vollen und ehrlichen Einsatz meiner Mitarbeiter erwarten, wenn sie nichts zu essen hatten? Geralds Antwort ließ mich nicht im Zweifel darüber, daß die Gehälter nicht mehr als ein Drittel des Monatsbedarfs deckten. Woher die restlichen zwei Drittel kamen, erfuhr ich ebenfalls:

»Viele schlagen krumme Wege ein, und fast alle beziehen noch Einkünfte aus Nebentätigkeiten, aber das Ergebnis kennen Sie ja.«

Ja, unter dem Ergebnis litt das ganze Land: die wenigsten Aufgaben wurden zur Zufriedenheit ausgeführt.

»Wie weit helfen Ihnen die Sonderzuwendungen?« Ich suchte nach einer brauchbaren Lösung.

»Ein wenig. Aber was denken Sie, wie schnell die aufgebraucht sind, wenn unsere Tanten, Onkel und Nichten etwas davon erfahren!«

Die unersättlichen Ansprüche der Großfamilie waren mir schon in so manchem Klagelied zu Ohren gekommen. Ich war nur überrascht, daß den hungrigen Verwandten keine noch so winzige Gehaltsaufbesserung eines Sippenmitgliedes verborgen blieb!

»Dann wäre es ja am besten, wenn jeder Mitarbeiter an seiner Arbeitsstelle rundum mit allen Mahlzeiten versorgt würde – die kann euch wenigstens keiner wegnehmen!« Ich hatte nur laut gedacht. Begeistert war ich von meiner Idee nicht. Sie erschien mir zu aufwendig. Aber Gerald hatte sie schon vernommen. »Genau!« rief er mit unterdrückter Begeisterung, um dann betont beiläufig hinzuzufügen: »Es müßte nur etwas nahrhafter sein als das Angebot der Kantine!«

Sollte ich es wagen? In den folgenden Tagen überprüfte ich meinen Spendenfonds, beriet mich mit erfahrenen Leuten und kam immer wieder zum selben Ergebnis: Die beste Lösung des Problems hieß, für alle Mitarbeiter einen freien Mittagstisch einzuführen. Also informierte ich Mary, Robinah und Gerald und übertrug ihnen die Aufgabe des Gebets für die Spendeneingänge, solange sie benötigt wurden. Und Gott erhörte ihre Gebete: Es fehlte nie an Geld für diese Mahlzeiten.

Gerald war Christ. Fast in jeder Pause fand ich ihn in seine Bibel vertieft in einer Ecke sitzen. Er lud auch seine Kolleginnen zum gemeinsamen Bibelstudium ein, aber er stieß nicht immer auf offene Ohren – bis zu jenem Tag, da ich Robinah zufällig beim Frühstück begegnete. Es war erst 8 Uhr morgens. Ich mußte ihr etwas mitteilen, bevor die Schüler eintrafen, deshalb hatten wir uns so früh verabredet.

»Jetzt fällt es mir wieder ein, was ich geträumt habe!« unterbrach sie mich plötzlich. »Gerade in dem Moment, als Sie hereinkamen, fiel es mir ein!«

Verwundert hörte ich mir ihre Geschichte an: Robinah hatte geträumt, daß sie ihre Eltern und ihre Schwester besuchen wollte, die getrennt voneinander lebten. Unter vielen Schwierigkeiten spürte sie ihre Angehörigen der Reihe nach auf, aber die Erfahrung war immer wieder dieselbe: niemand zeigte Interesse an ihr.

»Jemand schickte mich fort mit den Worten: ›Vater und Mutter verlassen dich, aber ...!‹ Weiter weiß ich's nicht mehr. Es war irgend etwas über Gott.«

»Aber der Herr nimmt dich auf? Hieß es so?«

Robinah nickte verblüfft. Ich holte meine Konkordanz zu Hilfe:

»Das steht in Psalm 27,10«, stellte ich fest. »Kannten Sie denn die Stelle?«

»Überhaupt nicht. Ich habe noch nie davon gehört.«

Einige Tage später suchte mich Robinah überraschend zu Hause auf. Nach der üblichen Begrüßungszeremonie* kam sie noch einmal auf jenen Traum zu sprechen.

»Ich glaube, ich weiß, was das zu bedeuten hatte.«

»Was denn?« Träume interessierten mich.

»Gerald hat mich schon so oft eingeladen zum Bibellesen. Ich war nie sehr daran interessiert und verbrachte meine freie Zeit lieber mit meiner Schwester. Aber das Bibelwort in dem Traum hat mich an Geralds Einladungen erinnert. Jetzt lesen wir täglich zusammen die Bibel, und es gefällt mir sehr. Auch Joyce macht mit.«

Joyce war eine Gymnasiastin, die sich während der Schulferien bei uns etwas Taschengeld verdiente.

Von jener Zeit an wurden Robinahs Leistungen noch besser. Bald konnte sie eine Fahrschule besuchen, deren Kosten von unseren Förderern getragen wurden. Sie war begeistert, und ich hatte große Pläne für sie.

»Ich will ein Neues schaffen«

Es war im April 1987. Ich saß im Büro unseres Personalchefs in Nairobi. Bob Auer blickte mich fragend an.

»Elisabeth, hast du schon einmal daran gedacht, andere an deinen Erfahrungen in Uganda teilhaben zu lassen?«

»Nicht konkret. Warum?« Seine Frage verwirrte mich.

»Du wirst demnächst von unserer europäischen Zentrale einen Brief erhalten. Sie möchten dich für die Ausbildung neuer Missionare gewinnen.«

»Mit anderen Worten: Ich soll nach Ost-London versetzt werden?« Ich war entsetzt. Ost-London war mir wohlbekannt. Dort hatte ich den Vorbereitungskurs für meinen Dienst in Afrika absolviert. Das öde Häusermeer, die dunklen Ziegelmauern und Hinterhöfe hatten mich tief bedrückt. Nach dem satten Grün und den sanften Hügeln der Landschaft Süd-Ugandas erschien es mir vollends unerträglich, dorthin zurückzukehren.

Doch Bob beruhigte mich: »Die Kurse finden nicht mehr in London statt, sondern in Deutschland, im sogenannten Markgräflerland.«

Jetzt war ich sprachlos: Daß Müllheim in der Nähe meiner Heimat lag, dürfte Bob vage bekannt gewesen sein. Nicht bekannt aber war ihm meine Freundschaft mit Manfred. Wir hatten uns schon vor Jahren in Uganda kennengelernt. Mittlerweile lebte er wieder am Kaiserstuhl, nur 50 Kilometer nördlich vom Städtchen Müllheim im Markgräflerland. Einen Monat vor meinem Gesprächstermin beim Personalchef war in unseren Briefen erstmals die Frage aufgetaucht, ob wir zusammengehörten. Mein Heimaturlaub sollte uns Gelegenheit geben, in der persönlichen Begegnung Antwort auf diese Frage zu finden.

»Wenn Bob wüßte!« schoß es mir durch den Sinn, aber ich hielt meinen Mund.

»Vielleicht kannst du die Angelegenheit schon einmal überdenken, bis die offizielle Anfrage eintrifft!« riet er mir.

»Aber was würde aus meiner Arbeit im Mengo-Krankenhaus werden?« wollte ich wissen.

»Dafür müßten wir noch eine Lösung finden«, gab Bob zu. Er nannte einige Möglichkeiten, die mich allerdings eine wie die andere nicht zufriedenstellten. Schließlich sagte er: »Warten wir ab; vielleicht taucht noch etwas Besseres auf.«

Seltsam betroffen, glücklich und ängstlich zugleich, verließ ich mein Büro. Bis dahin hatte ich den Aufbau meiner Arbeit mit behinderten Kindern noch nicht als abgeschlossen betrachtet; aber vielleicht irrte ich mich? Hielt ich mich für unersetzlich? Ich bat Gott, mich wissen zu lassen, wie Er die Situation sah.

Einen Monat später kam das erwartete Schreiben der europäischen Zentrale. Allerdings war es nicht an mich adressiert, sondern an Pfarrer Bugimbi, der mich dann zu einem Gespräch zu sich rief. Er wiederholte mir, was ich schon aus dem Gespräch mit Bob wußte.

»Wenn ich das Alter deiner Eltern bedenke, dann könnte ich schon verstehen, wenn du das Angebot wahrnehmen würdest«, schloß er nachdenklich.

»Was würde denn aus meiner Arbeit werden? Mein Ziel, mir eine afrikanische Nachfolgerin heranzuziehen, habe ich noch nicht erreicht«, gab ich zu bedenken. Auch Herr Bugimbi wußte keine befriedigende Antwort auf meine Frage. Das beunruhigte mich.

Zu Hause angekommen, fiel mir das Losungsbüchlein der Herrnhuter Brüdergemeine in die Hände. Ich schlug es auf. Die Losung des Tages lautete:

»Gedenkt nicht an das Frühere und achtet nicht auf das Vorige! Denn siehe, ich will ein Neues schaffen, jetzt wächst es auf, erkennt ihr es denn nicht?« (Jesaja 43,18 + 19a)

Der Vers sprach nicht nur meine jetztige Situation an. Er hatte schon einmal einen neuen Abschnitt in meinem Leben eingeleitet! Aber verstand ich ihn auch richtig?

Der erste Satz traf mich ganz persönlich. Es stimmte: Ich hielt fest an meinem Ruf und Auftrag, der vor Jahren an mich ergangen war. Dann mußte auch der zweite Teil der Botschaft für mich sein! Oder bildete ich mir doch alles nur ein?

Vielleicht, dachte ich, konnte ein Gespräch mit Freunden mir einen Fingerzeig geben? So lief ich zu Thompsons und erzählte ihnen alles – all die merkwürdigen Vorfälle der letzten Wochen.

»Meinen Sie, daß mich Gott wirklich so persönlich anspricht? Oder bin ich überspannt?«

Sie hielten mich für ganz vernünftig und ermutigten mich, aufmerksam auf weitere Hinweise zu achten.

Im Juli 1987 erreichte mich ganz überraschend der Brief eines englischen Missionswerks. Die Church Missionary Society war mir nur durch vereinzelte Begegnungen und die gelegentliche Zusammenarbeit mit ihren Missionaren ein Begriff. Korrespondiert hatten wir noch nie miteinander, und über meine persönlichen Probleme konnten sie erst recht nicht Bescheid gewußt haben. Aber ihr Brief schien genau die Antwort auf diese Fragen zu sein!

Sie suchten Einsatzmöglichkeiten für eine Sonderschullehrerin und eine Beschäftigungstherapeutin. Ich sollte ihnen dabei behilflich sein.

Kaum zu fassen! Versteckte Zeichen hatte ich erwartet, aber nicht solch offensichtliche! Zu dem Zeitpunkt wußte ich zwar noch nicht, ob eine der beiden Bewerberinnen meine Arbeit wirklich fortsetzen könnte, aber zwischen den Zeilen vernahm ich die Botschaft: »Die Sorge um deine Arbeit liegt bei Mir!« So nahm ich Ihn beim Wort und beschloß, nach Ablauf meines verlängerten Dienstabschnittes meine Zelte in Uganda abzubrechen.

Ich war sicher, das Richtige zu tun. Leicht fallen sollte es mir allerdings nicht!

Im Oktober teilte ich meinen Mitarbeitern meinen Entschluß mit. Mary wischte sich verstohlen eine Träne aus dem Augenwinkel. Das Schweigen der ersten Betroffenheit wandelte sich in eine turbulente Diskussion:

»Wir haben es doch immerhin zu ein bißchen Zivilisation gebracht. Soll das alles wieder zusammenbrechen?«

»Wer tritt an Ihre Stelle? Wird es eine Weiße oder eine Schwarze sein?«

»Wenn es eine Afrikanerin sein soll, dann aber bitte nur eine wirklich errettete Christin*!«

Diese Worte einer afrikanischen Mitarbeiterin, die sich selbst nicht als »errettet« bezeichnete, verwunderten mich. Auch mir wurde jetzt etwas bange. Wie konnte ich es verantworten, wenn unser mühsam aufgebautes Werk der landesüblichen Schlamperei, Korruption und Nachlässigkeit zum Opfer fiel?

Robinah beschloß das stürmische Gespräch mit dem Gebet »Herr, mach uns stark.« Inbrünstig stimmten alle in das »Amen« ein!

Wenige Wochen später erschien Francis nicht mehr zur Arbeit. Seit einigen Monaten füllte er die Lücke, die Gerald hinterlassen hatte, nachdem er sein Studium an einem Lehrerseminar aufgenommen hatte. Francis war bis dahin seinem tüchtigen Vorgänger in nichts nachgestanden, weder in seiner geistlichen Ausrichtung noch in seiner Hingabe an die Arbeit. Jetzt aber enttäuschte er mich. Ohne Entschuldigung, ohne ein Wort der Erklärung blieb er der Arbeit fern. Erst am Ende des zweiten Tages tauchte er auf. Sichtlich verwirrt und aufgeregt bat er mich um eine Unterredung. Beunruhigt hörte ich ihm zu, als er sagte:

»Sie wissen doch, wie schwierig es in unserem Land ist, sich auf redliche Art und Weise seinen Lebensunterhalt zu verdienen. Zusammen mit meinen Freunden habe ich gebetet und gebetet, daß Gott eine Tür öffnen möge – vielleicht ins Ausland. Jetzt hat Er es getan!«

»Wie denn?« Meine Neugierde war erwacht.

»Über meine Mutter habe ich erfahren, daß zur Zeit junge ugandische Männer gesucht werden, die in Libyen eine kostenlose Ausbildung im Hotelfach erhalten sollen.«

»In Libyen? Im Hotelfach?«

Ich ahnte Schlimmes, was hinter diesem so großzügigen Angebot der Libyer stecken mochte. Die »Ausbildung« schien mir eher die zu Söldnern zu sein! Mein Entsetzen und meine Zweifel ließen sich nicht verbergen, auch nicht meine Enttäuschung über die Bedenkenlosigkeit, mit der sich ein aufrichtiger Christ von wirtschaftlichen Überlegungen bestimmen ließ. Im nächsten Moment biß ich mir auf die Lippen: Schließlich hatte ich die wirtschaftlichen Probleme meiner ugandischen Freunde noch nie am eigenen Leibe erfahren müssen.

Francis' Entschluß stand bereits fest. Zwei Tage später sollte es losgehen. Ich faßte den Mut, Gott zu bitten, ihn von seinem Plan abzuhalten. Der Flug verschob sich; zuerst von Tag zu Tag, dann von Woche zu Woche. Francis wurde unsicher, stellte uns Fragen und ließ sich in Frage stellen. Er erkannte die Versuchung. Seine Arbeit nahm er wieder auf, aber ich spürte, daß er nicht mehr mit ganzem Herzen dabei war.

Am Ende langer Gespräche entdeckte er die Notwendigkeit einer eigenen Entscheidung für oder gegen Libyen, unabhängig davon, ob der Flug bald stattfinden würde oder nicht.

Das war an einem Freitag. Am Montagmorgen wollte er mir das Resultat mitteilen. Als ich am Sonntagmorgen die Kirche betrat, überbrachten mir seine Freunde eine Nachricht:

»Francis war am Samstag über Rundfunk aufgefordert worden, sich schnellstens bei seiner Familie zu melden. Und jetzt sitzt er bereits im Flugzeug nach Libyen. Er läßt Ihnen ausrichten, daß es ihm leidtut, daß er nicht mehr mit Ihnen reden konnte.«

Mehr war nicht von ihnen zu erfahren. Enttäuscht und resigniert begab ich mich auf die schwierige Suche nach einem guten Nachfolger. Doch noch ehe ich ihn fand, brach ein neues Unheil über uns herein:

Robinah kehrte nicht aus ihren Weihnachtsferien zurück. Nachforschungen bei ihren Verwandten und Freunden blieben erfolglos. Als ich schließlich in ihr Zimmer eindrang, gähnte mir ein leerer Raum entgegen. Nichts war da, was noch an sie erinnerte. Doch halt: Auf dem Tisch lag ein zusammengefaltetes Blatt Papier! Eine Nachricht? Eine Erklärung? Gespannt faltete ich es auseinander: eine alte, abgegriffene Fotografie mit dem Bild der Vermißten flatterte mir entgegen. Ein Abschiedsgeschenk? An mich?

Ich war zutiefst betroffen, gerührt und voll brennender Fragen, die bis heute nicht geklärt sind. Ich habe nie wieder von Robinah gehört.

Wie sollte es nun weitergehen? Drei Monate vor meiner Abreise und einen Monat vor der Ankunft meiner Nachfolgerin hatten wir unsere besten Mitarbeiter verloren!

Jenny Wilson, die Beschäftigungstherapeutin der englischen Church Missionary Society, wurde meine Nachfolgerin. Als sie im Februar 1988 eintraf, begrüßte sie ein fast neues Mitarbeiterteam. Es war im Eilverfahren und mit tatkräftiger Hilfe der Eltern unserer Schüler zusammengestellt worden.

Auch in meinem Privatleben – soweit es so etwas überhaupt gab – traten bis zuletzt neue Herausforderungen an mich heran.

»Liz, ich muß Sie sprechen!«

Im dichten Straßengewühl von Kampala stellte sich mir ein Motorradfahrer in den Weg. Es war drei Wochen vor meiner Abreise aus Uganda. Mir brummte der Kopf von den vielen bevorstehenden Erledigungen und Abschiedsbesuchen. In dem Motorradfahrer erkannte ich einen jungen einheimischen Geistlichen der Anglikanischen Kirche, Pfarrer Onesimus. Er kramte ein rosarotes Faltblatt mit dem üblichen mangelhaften Druck aus seiner Tasche heraus:

»Haben Sie von unserer Evangelisation gehört? Sie müssen unbedingt mitmachen!«

Es war mir unklar woher Herr Onesimus diese Überzeugung nahm, aber ich hatte es gelernt, unfruchtbare Fragen zu unterlassen. Ein Blick auf das Informationsblatt lehrte mich, daß die einwöchige Evangelisation in seiner Gemeinde fast zur Hälfte vorbei war.

»Da gibt es nicht mehr viel zu tun für mich, Herr Pfarrer! Und ich habe doch auch an keiner Mitarbeiterschulung dafür teilgenommen!«

»Macht nichts! Wir haben sowieso alles geändert!«

Nach fünfjährigem Leben und Wirken in Uganda hätte ich wissen müssen, daß ich mit meinen schwachen Einwänden nicht weit kommen würde. Warum war ich nicht gleich mit meinem stärksten Argument herangerückt?«

»Pfarrer Onesimus, dies ist mein letzter Monat in Uganda. Ich bin vollständig ausgebucht!«

»Was sagen Sie, Liz? Sie wollen uns verlassen? Das kann doch nicht Ihr Ernst sein. Da müssen wir doch jede Gelegenheit nützen, um voneinander zu profitieren!«

Kleinlaut unternahm ich einen letzten Anlauf.

»Pfarrer Onesimus, ich würde ja wirklich gerne mitarbeiten, aber ich schaffe das einfach nicht mehr!«

»Liz, ihr weißen Leute seid alle gleich! Ihr stellt euch immer alles viel zu kompliziert vor! Morgen mittag um zwölf Uhr bin ich bei Ihnen und erkläre Ihnen alles!«

Lachend fuhr er davon. Ich war froh über die Galgenfrist. Insgeheim erwartete und hoffte ich, daß er inzwischen einsehen würde, daß er mit seinen Plänen zu spät kam. Vielleicht würde auch eines der häufigen unvorhersehbaren Ereignisse des afrikanischen Alltags eingreifen und ihn von seinem spontanen Einfall abbringen?

Das Unvorhersehbare trat ein: Motorradpanne! Aber mit meiner Folgerung war ich falsch gelegen: Er ließ sich davon keineswegs abhalten, mich zu besuchen. Mit einstündiger Verspätung stand er anderntags vor meiner Tür.

Kurz darauf saß er in meinem Wohnzimmer und erläuterte mir seine Pläne. Zugegeben: Sie waren interessant. Das Neuartige seiner Evangelisation war die allabendliche Aufteilung der Besucher in Hauskreise. Auf Predigten und Vorträge im Plenum wurde weitgehend verzichtet. Außer den Gästen gehörten jedem Hauskreis gläubige Gemeindeglieder an und ein Gesprächsleiter, der häufig wechselte. Im Gespräch und anhand der Bibel sollte jeden Abend ein anderes Thema erarbeitet werden.

Als mir die Ausweglosigkeit meiner Situation klar wurde, einigten wir uns auf diese Lösung:

Am vierten Abend würde ich als gläubiges Gemeindeglied teilnehmen und am fünften sollte ich eine Gesprächsleitung übernehmen. Thema: »Christsein in der Nachbarschaft.«

Aufatmend stellte ich fest, daß das Ende unserer Besprechung gekommen war. Sie hatte viel Zeit in Anspruch genommen. Den Gedanken daran, wie Herr Onesimus, dessen Motorrad ich später manövrierunfähig in seinem Wohnzimmer wiederfand, heimkommen sollte, verdrängte ich wohlweislich. Ich hatte Hunger, wollte etwas essen und mich danach wieder in meine Arbeit stürzen.

Er strahlte mich zuversichtlich an. »Liz, Sie haben doch sicher nichts dagegen, mich nach Hause zu fahren?«

Ich hatte es kommen sehen. Sein Haus lag weit entfernt, seine Gemeinde erstreckte sich über viele Quadratkilometer und das Kirchenbüro lag weit außerhalb seiner Gemeinde. Sein einziges Fortbewegungsmittel war das zur Zeit kaputte Motorrad. Sicherlich wußte er noch nicht, wovon er die Reparatur bezahlen sollte. Öffentliche Verkehrsmittel waren viel zu teuer, unzuverlässig und unpraktisch. Ich dagegen hatte ein funkelnagelneues Auto, immer genügend Geld fürs Benzin, und bisher hatte mich noch keine Reparatur das tägliche Brot gekostet. Wie hätte ich »nein« sagen können?

Dennoch war ich erleichtert, als sein Haus in Sicht kam und ich hoffen durfte, mich bald wieder meinen Angelegenheiten widmen zu können. Ich hatte mich getäuscht:

»Liz, Sie werden doch nicht zurückfahren, ohne meiner Frau und den Kindern guten Tag gesagt zu haben!«

Worauf hatte ich mich nur eingelassen? Ich hatte ihm helfen wollen, aber er forderte immer mehr. Jetzt ging es darum, afrikanischer Gastfreundschaft meine Achtung zu erweisen. Zu Hause wartete eine Fülle von Arbeit auf mich, meinen Mitarbeitern sollte ich ein gutes Vorbild sein, und gegen afrikanische Sitten wollte ich auch nicht verstoßen. Was sollte ich wählen?

Meine Entscheidung – soweit mir überhaupt eine blieb – wurde schließlich durch meinen Heißhunger bestimmt, denn ich wußte, daß die Einladung eine bescheidene Mahlzeit mit einschloß. So war es auch. Meine Gastgeber zeigten sich zufrieden mit der Art, wie ich ihrem Tisch die Ehre antat!

Ich war verwundert, daß Frau Onesimus nicht mithielt, sondern nach dem Servieren von Bananenbrei mit Bohnen verschwand und ausgehfertig wieder an meiner Seite auftauchte, als ich mich verabschieden wollte.

»Sie können doch sicher einen kleinen Umweg über das Mulago-Krankenhaus fahren. Ich arbeite nämlich dort.«

Auch ihr Mann war sofort wieder auf den Beinen:

»Wenn Sie über Mulago fahren, dann könnte ich gleich noch bei Musoke vorbeischauen. Das liegt am Weg.«

Dieses Mal fiel mir die Zustimmung leichter, denn ich hielt den Umweg über Mulago wirklich für geringfügig. Die in Afrika üblichen wüsten Straßenverhältnisse hatte ich auch noch nach fünf Jahren wieder einmal unterschätzt: Der »kleine Umweg«, zwar eine offizielle Straße, erwies sich als äußerst miserabler, staubiger und holpriger Karrenweg! Herrn Onesimus störte das nicht, er kurbelte das Fenster weit herunter, um frische Luft und weiten Ausblick zu haben. Eine Wolke roten Sandes hüllte uns ein und bedeckte das gesamte Innere meines Suzuki mit einer feinen Sandschicht.

Plötzlich lehnte der Pfarrer sich hinaus und rief in das Sand- und Staubgewirbel hinein:

»Sarah, mein Kind, was machst du denn hier? Du solltest schon längst in der Schule sein! Steig ein!«

Vor meinen Augen erschienen die Umrisse der Schulschwänzerin, ein etwa zwölfjähriges Mädchen im rosa Kleid. Als ich den Wagen anhielt, fiel die Kleine zur Begrüßung ihres Pastors ehrfürchtig auf die Knie. Er öffnete die Tür, zog sie hoch und wies sie an, auf die Ladefläche zu klettern.

»Sie fahren ohnehin an ihrer Schule vorbei und können sie dort rauslassen – aber nirgendwo sonst!« schärfte mir Herr Onesimus auf der Weiterfahrt ein. »Mich können Sie jetzt dort absetzen!« Mit dem vorgeschobenen Unterkiefer wies er mich vage auf eine Bushaltestelle in der Einöde hin (mit dem Finger zeigen, gilt als äußerst ungehörig). »Liz, Sie haben uns wirklich geholfen! Preist den Herrn! Bis morgen abend!«

Erleichtert, aber mit gemischten Gefühlen, was meine eigene Hilfsbereitschaft und die Gepflogenheiten meines Gastlandes anging, sah ich ihm nach: Im Nu war er umringt von knienden Frauen und Kindern, während die Männer in respektvollem Abstand verharrten.

Wir näherten uns Sarahs Schule. Verschüchtert und wieder im Staub kniend, verabschiedete sie sich von uns. Dieses Mal galt ihre Ehrfurcht meiner weißen Hautfarbe.

Frau Onesimus' Arbeitsplatz war unsere nächste Station. Ich wagte kaum zu glauben, daß ich bald mir selbst überlassen sein würde.

Sie verabschiedete sich aufs Liebenswürdigste. »Liz, Sie haben es fertiggebracht, daß ich diese Woche schon zum zweiten Mal zur Arbeit gehen kann (es war Mittwoch nachmittag, 15.00 Uhr). Jede Busfahrt würde einen Tageslohn verschlingen. Das können wir uns nicht leisten!«

Frau Onesimus hatte nur allzu recht. Uganda hatte genug qualifizierte Arbeitskräfte, aber es konnte sie nicht ernähren. So stellten die einen ihre Gaben in den Dienst wohlhabender Länder und emigrierten nach Amerika oder England. Die Daheimgebliebenen verbrauchten ihre Kräfte im täglichen Kampf ums Überleben, bevor sie einen Beitrag zum Aufbau ihres Landes leisten konnten.

Als ich schließlich – erschöpft und staubbedeckt – in meine Arbeitsräume zurückkehrte, waren meine Schüler und Mitarbeiter bereits dabei, zusammenzuräumen.

»Christsein in der Nachbarschaft«

Nackte Steinwände, Betonboden, aufgerissene Sitzpolster aus Schaumstoff, verdeckt mit gehäkelten Spitzentüchern, zerbrochene Fensterscheiben und in den Gesprächspausen ein lautes Poltern in einer Holzkiste bildeten die Hintergrundkulisse meines Hauskreises am fünften Evangelisationsabend. Wir waren fünf Frauen. Die Kirchenälteste, in deren Wohnung wir uns befanden, war seit vielen Jahren gläubig. Zwei der übrigen Frauen hatten erst zu Beginn der Woche eine Entscheidung für Jesus getroffen.

In unserem Gespräch ging es um Schuldbekenntnis, um Vergebung und Wiedergutmachung. Wir lasen die Geschichte von Zachäus und seinem Vorhaben, vierfach wiedergutzumachen, was er durch seine Korruption an Schaden angerichtet hatte.

Ich fühlte mich immer wieder vom Gespräch abgelenkt, denn das mysteriöse Poltern in der Kiste wurde immer lauter. Schließlich wurde es geradezu unheimlich. Ich hatte das Gefühl, daß die Kiste jeden Moment auseinanderbersten müsse. Die übrigen Frauen in der Runde kümmerten sich nicht darum – sie vertieften sich intensiv in unseren Bibeltext. Ein nochmaliges Poltern – und der schwarze Schatten eines vierbeinigen langschwänzigen Wesens raste durch den Raum, unter den Sitzen und zwischen unseren Beinen hindurch und zu guter Letzt wieder an seinen Ausgangspunkt zurück! Eine Ratte!

Irgendwie schaffte ich es, einen Aufschrei zu unterdrükken, nach Luft zu schnappen und zu stottern:

»Oh, das kenne ich. Mit diesem Problem habe ich auch manchmal zu tun.«

Stille. Leicht verdutzte Gesichter. Niemand schien zu begreifen, von welchem »Problem« ich sprach. Jetzt hatte ich mich auch noch bloßgestellt, anstatt – wie beabsichtigt – die Situation zu entschärfen!

»Tja, also«, stammelte ich, »kommen wir noch einmal auf Zachäus zurück. ...« Ich weiß nicht mehr wie – aber es gelang tatsächlich, nach einer Weile das Gespräch fortzusetzen.

Mir fiel bald auf, daß Edith, eine der Neubekehrten, eine Frage auf dem Herzen hatte. Schließlich rückte sie mit der Sprache heraus:

»Stellt euch vor: Eine Frau legt aus Rache einen Fluch auf das Kind ihrer Nachbarin. Als Folge stirbt das Kind. Soll sie nun zur Mutter hingehen, alles bekennen und sie um Verzeihung bitten?«

Ich traute meinen Ohren kaum. Am Ende meiner Tätigkeit in Uganda hörte ich zum ersten Mal eine einheimische Christin offen über okkulte Praktiken reden. Bislang hatten sie auf das Thema in meiner Gegenwart eher mit verschämtem Lachen reagiert und eilig von etwas anderem gesprochen.

Mein Erlebnis in Australien fiel mir ein und jener Bericht in Apostelgeschichte 19,18–20. Nun lasen wir ihn zusammen. Ich erzählte von Raymonds ausdrücklicher Amtsniederlegung als »Bonepointer«* aufgrund dieser Schriftstelle und empfahl ein Gespräch mit Pfarrer Onesimus.

Trotzdem hatte ich das Gefühl, im dunkeln zu tappen. Ich war bestürzt: Stieß ich etwa erst jetzt, wo ich dabei war, meine Zelte abzubrechen, auf die tiefsten ungelösten Fragen meiner Schwestern und Brüder in Uganda?

Nachwort

Seit meinem Weggang sind nun fast zwei Jahre vergangen. Jennys Team hat sich bis zum heutigen Tage bewährt.

Die freie Verpflegung der Mitarbeiter findet weiterhin statt, scheint aber in geringerem Umfang von dem Spendenfonds abhängig zu sein. Eine kleine Hühnerfarm liefert dazu ihren Beitrag.

Im Sommer 1989 wurde der Grundstein gelegt zur ersten Zweigeinrichtung im Hinterland von Kampala.

Die städtische Wasserversorgung macht Fortschritte, hat aber noch immer nicht die höheren Hanglagen des Namirembehügels erreicht.

Im Januar 1990 erreichte mich eine bestürzende Nachricht von James und Gladys Obatre:

»Unsere liebe Alice ist auf betrügerische und gewaltsame Weise von uns genommen und verheiratet worden.«

Alice war inzwischen etwa achtzehn Jahre alt. Der Entführer war ihr Onkel. Unschwer zu erraten, daß er sich von dem Brautpreis die Lösung seiner finanziellen Probleme erhofft hatte!

Nimburg, im April 1990 Elisabeth Bär-Stockburger

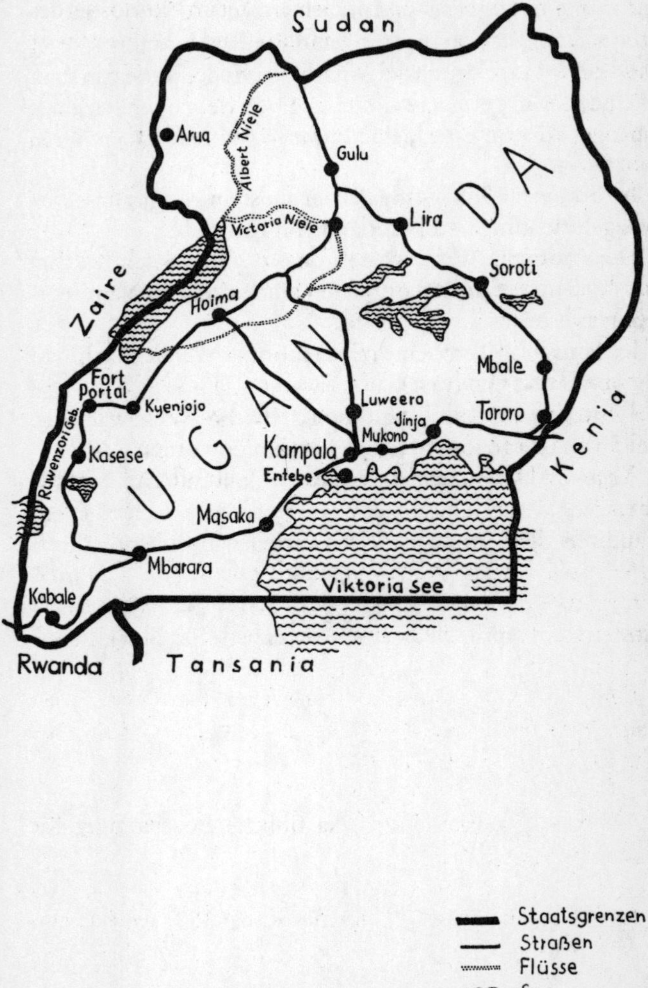
Sudan
UGANDA
Zaire
Kenia
Rwanda
Tansania
Arua
Albert Niele
Gulu
Victoria Niele
Lira
Soroti
Hoima
Mbale
Fort Portal
Kyenjojo
Luweero
Tororo
Jinja
Mukono
Kampala
Entebe
Kasese
Ruwenzori Geb.
Masaka
Mbarara
Kabale
Viktoria See
Staatsgrenzen
Straßen
Flüsse
Seen

Erklärungen

Acholi: Stamm Tito Okellos, beheimatet im Nordosten des Landes. Zur Zeit der Präsidenten Obote und Okello stellte er einen großen Teil des Militärs.

Baganda: Größter Stamm Ugandas, beheimatet zwischen Kampala und Masaka.

Begrüßungszeremonie: Außer einem höflichen Wortwechsel über das Wohlergehen besteht sie aus dem Austausch von Summtönen und Vokalklängen (»mmm ...« und »eee ...«).

Bonepointer: Ein Mann, der mit Hilfe eines Knochens als Medium eine ausgesuchte Person verfluchen kann.

Buhugu: Dorf am Hang des Elgon-Gebirges nordöstlich von Mbale.

Deutsche Missionsärzte: Angehörige des Deutschen Missionsärzteteams, das im Innern des Landes Kurzzeiteinsätze durchgeführt und seine Basis in Kampala hatte.

Entebbe Airraid: Überfall israelischer Truppen auf den Flughafen Entebbe zur Befreiung eines durch die PLO entführten Flugzeugs (Juni 1976).

Errettete Christen: In Afrika übliche Bezeichnung für entschiedene Christen.

Fürbitter für Uganda: Teil einer internationalen Gebetsbewegung für die Belange von Nationen. Es gibt auch »Fürbitter für Deutschland«.

Gästehaus: Bewirtschaftetes Gästehaus der Anglikanischen Kirche auf dem Grundstück des Mengo-Krankenhauses.

Inder: 1974 wurden alle in Uganda ansässigen Inder von Idi Amin des Landes verwiesen.

Jjaja: Respektvolle Bezeichnung für Großmütter und alte Damen.

Lweza: Kirchliches Freizeitheim, 12 Kilometer außerhalb Kampalas.

Maama (Stammessprache Luganda): Mutter.

Mengo-Hospital: Eingezäunte Siedlung, die später zur selbständigen Kommune erklärt wurde. Sie besteht aus verstreuten Gebäuden zur Unterbringung der Krankenstationen und der Mitarbeiter mit ihren Familien.

Außerdem befindet sich auf dem weitläufigen Grundstück ein Gästehaus der Anglikanischen Kirche und eine kirchliche Agentur zur Verteilung von Hilfsgütern aus dem Ausland.

Munange (Stammessprache Luganda): meine Freundin (geläufige Anrede).

Mzungu: Spitzname für Weiße.

Nansana, Ganda, Natete, Busega: Vororte von Kampala.

NRA: National Resistance Army = Nationale Widerstandsarmee; stärkste Rebellengruppe unter den Regierungen von Obote und Okello, die im Januar 1986 die Macht ergriff.

Rubaga: Hügel Kampalas, auf dem sich eine große katholische Kathedrale mit Krankenhaus befindet; 1,5 Kilometer vom Mengo-Krankenhaus entfernt.

Taata (Stammessprache Luganda): Vater.

Tukutendereza (Stammessprache Luganda): christliches Loblied, das bei entsprechenden Anlässen oft spontan angestimmt wird.

Verheißung des Propheten Maleachi (3,10 b): »... und prüft mich hiermit, spricht der Herr Zebaoth, ob ich euch dann nicht des Himmels Fenster auftun werde und Segen herabschütten die Fülle.«

VIP-Zimmer: Krankenzimmer, das normalerweise gesellschaftlich hochstehenden Personen vorbehalten war.